OMUP ブックレット No.50

現代社会を生きるキーワード 2

鈴木　利章　編

大阪公立大学共同出版会

本書のキーワードについて

この社会に感じる違和感や閉塞感。
その正体は何か。

本書で取り上げたキーワードを手がかりに、
その答えを探してみませんか。

入り口は 12 の扉。
関心のある扉から、どうぞお入りください。

はじめに

第一集を出しましてから、二年余ようやく第二集を出版することになりました。二年たちましたが、世界状勢は悪くなりこそすれ、新しい希望に満ちた展望はなかなか開かれません。一見希望を見せたかに見えましたジャスミン革命・アラブの春も、結局のところ元の木阿弥か以前より悪い混乱に終わってしまったようで、「春」どころか、心が冷え切ってしまう初冬にしか見えません。またこれも注目されました「ウォール街占拠運動」も格差はあいかわらず拡大をつづけ、金の力をみせつける現象にあふれ、さびしくなります。ただ最近トマ・ピケッティ Thomas Piketty の大作 Le capital au XXIe siècle, 2013, 英訳 Capital in the Twenty-First Century, 2014 を手にしたことは、暗闇の一灯のごとく、一縷の希望を持たせるものです。英訳で六八五頁、書き上げるのに一五年を要した、膨大な資料に裏打ちされた力作、ウォール街の運動をしっかりと支える証拠を説得的に披瀝したものであり、まさにこの運動の底の深さをも証明しています。厳密な意味での学術書にもかかわらず、さすがにフランス人の豊かな教養を下敷きにした読みやすい英語版が出版されるや、三ヶ月で四〇万部を売り上げ、ベストセラーとなり、その七五%が米国で買い上げられていることも十分に頷け、もうこれは社会現象としかいいようがありません。欧米を中心とした三世紀にわたる租税資料を統計的に処理し、資本主義社会では、資本の集中と経済的不平等・格差が拡大してゆくことが常態であることを、完膚なきまでに、みごとに喝破論証したものであり、十二分に納得的です。第二次大戦後の、ほぼ四〇年ほどは、例外現象として、格差が縮小していますが、資本収益率は常に高く、格差は常に拡大するものであり、これを是正するには、資産への累進課税しかないと提言しています。今後どのように展開してゆくのか、期待したいものです。

第一集と同様、現代進行形のホットな問題を、それぞれの専門家が、専門の論考ではなく、その分野で二一世紀を生き抜くために是非必要な知識を、提示するというスタンスは不動です。今回はより詳しく論じてもらおうと、一人の持ち枚数を少しふやしました。したがいまして、執筆者の数は、少しへっております。

今回は、「感動」という小テーマを設定し三人の専門家に、それぞれ自由に執筆していただきましたのが新機軸です。まったく自由に切りこんでいただきました結果は、本文のとおりです。演劇学の立場より論じていただいたもの、次に「感動」が呼び起こす共感には、「アラブの春」や「ウォール街の運動」のように反体制にゆく側面と、特定の集団に憎悪をかき立てる、マイノリティいじめの側面があります。今回は、ヘイトスピーチを例として、その共感が増幅してゆくプロセスに光をあてたものです。またより高い立場から、心とは何かを、機械には感動があるのかという面より論じています。直接アップツーデートな問題として、時代の息苦しさや生きづらさ、会社でのキャリアは、入社後三年間のキャリアできまるという切実なきびしい問題、さらには、先進国がかかえ、社会の右傾化の原因ともなる不法移民の問題、最近の御嶽山の噴火にみられるあのもたつきから、災害リスクのマネジメントの重要さが理解できるようです。また災害がひきおこしたボランティア活動がきっかけに生まれてきた「新しい公共」の実像をさぐるものなども論じております。さらに西洋中世社会より近代社会への流れの中における、住民の連帯を支える共同体の崩壊を風刺文学より切りこんだ労作、アメリカ文化の一面を食品保存技術から垣間見るエッセイ、現代日本語の新しい動きをするどく抉り出した分析など、多彩な内容です。よろしくご賞味下さい。

編者のひとり、鈴木利章

平成二六年九月一〇日　第一集出版後満二年目の日

生きづらさ

「心」の競争を超えて

大沼　穣

本稿は巻頭で第二集の当初の主題であった「時代の生きづらさ・息苦しさ」を述べようとするものである。エスカレーターを通勤の人波に押されて歩けば「いつ頃からムービングウォークと同じになったのか」と、さながら「時間泥棒」に追われる思いがするであろう。ＩＴによって仕事の効率化が進めば、空いた時間に別の仕事が付け加わって忙しい。個人の受け止め方と言い切れない、時代の生きづらさの正体について制度面からヒントを探ってみたい。

むき出しになる個人　ホームレス支援のＶＴＲを授業で見せることがある。同情の感想以外に、必ず「本人の努力不足ではないか」等の感想が出てくる。社会で支えるという発想は自己責任という言葉の前に分が悪い。

かつて「社会で支える」というメッセージ（図）を見た時の「久しく聞かない言葉を聞いた」という感慨は忘れ難い。社会が論じられる機会が減ったために、社会を再び論じ直すことはとても難解な行為になってしまった。社会理論家の間では「社会的なものの解体」が語られているが、西欧の思考の伝統では「社会」とは国家と個人（または家族）をつなぐ中間集団を含意し、教会・同業者団体・労働組合などが代表的である。

西欧においては「社会的なもの」という考え方はリスクに対する相互扶助として登場した。個人の過失と捉えられてきた「労働災害」は、一九世紀になって「業務には一定の確率で起こる固有のリスクがあり、それを社会全体でシェアする」という発想の転換が行われ、やがて「福祉国家」へと引き継がれた。しかし新自由主義の広がりとともに国家が後退してリスクを個人に押し戻し、リスクは自己選択・自己責任として個人で処理すべきものという風潮が強まった。自立した個人の名のもとに個人はむき出しでリスクと向かい合うこととなり、同じ人間同士が作る「一つの社会に生きている」という社会連帯の感情が薄らいでいる。リスクに応じたオーダーメイドの保険などはこの風潮の所産である。そして本来の中間集団という意味の「社会」という言葉の登場頻度が減った。

イギリスで保守党の首相として改革を行ったM・サッチャー（在任一九七九～一九九〇）の有名な言葉を引こう。「あまりにも多くの子どもたちや大人たちが、もし自分たちに問題があれば、それに対処するのは政府の仕事だと思いこまされた時代を過ごしてきたように思います。『私は困っている、援助金が得られるだろう！』『私はホームレスである。政府は私に家をさがさねばならない！』こうして、彼らは自分たちの問題を社会に転嫁しています。でも社会とは誰のことをさすのでしょうか。社会などというものは存在しないのです。」（サッチャー、一九九六）

図・出典　国立がんセンター

かくて国家が市場に委ねた福祉を補完するため、家族的な紐帯（絆）が重視される。日本の場合、競争を導入する一方で国家意識の高揚が目指され、徳目が強調される。市場原理主義・新自由主義が新保守主義といわれる側面である。新自由主義の担い手を多国籍資本とする理論もあるが、それは以下に見るように、市場の中で合理的・効率的に行動する市民なのかも知れない。

効率的な生き方　ベストセラーとなった、とあるベンチャー企業の経営者のエッセイにはビジネスのヒントが満載である。著者の思考の特徴は、最短距離で利益の最大化を求める割り切り・選択肢の無駄のなさである。そして、このように考えないのが「残念な人」だという（山崎、二〇一〇）。

「自分には仕事より家族・趣味・あるいは夢が大事だ、という方もいるかもしれない。しかし、家族も、趣味も、夢も、仕事がうまく回っていることが前提で成り立つ。さらに言えば、仕事で成功すればするほど、それらは充実する。（略）家族・趣味・夢は仕事がうまくいってこそ得られるサブセットなのである。」

…筆者は朝の新幹線車内で斜め前の有名経営者と比べ自分を「残念な人」と思った。…

「私が駅のキオスクで買い込んだのはゴルフ雑誌と暇つぶしの友以上にならない週刊誌である。私がそれらを読もうとしている間、彼はずっとPCに向かっている。（略）雑誌を読みながら寝てしまおうと思っていたのだが、彼は早朝からフル回転で仕事（略）その差が、売上高数千億円と数億円という、一〇〇〇倍の差になって表れる」

…知り合いの会社員が以前解雇された勤務先の未払金五〇万の返還交渉で会社を休むという。……

「そんなことで時間を無駄にするより、今うちの会社で、将来のために頑張ったほうがずっと未来は明るい。うちなら、頑張った分は成果として必ず返ってくるぞ（略）じゃあ、こういう質問をしよう。あなたの通帳に今一億円の現金があるとする。それでも、やるの？一億円は大げさかもしれないけれど、お金を持ってたらばかばかしくてやらないことは、やらなくていいことだ」

伝統的な経済学は利己心を前提にしてきたが、経済学者アマルティア・センが自己犠牲を含む「コミットメント」概念を提唱したのはその対極をなす（注一）。しかし前述の効率的な人間像は市場原理主義・新自由主義の普及につれて違和感のないものとなっている。橋本努（二〇〇七）は、ネオリベラリズム（新自由主義）は人間らしさを無用にする世界観で「道徳的なコミットメントをする必要がないので、なぜこの体制の世界観の下で幸福ないし不幸であることが正当化されるのか、という問いに答えることができない」と指摘する。

内面を覗き込む眼差し　個人の存在理由を数値で問う時代が来ている。財政に厳しい制約が求められる時代を反映して、公共事業の採算性については「理念」や「あるべき論」など果てのない議論をするより、「費用便益比（注二〇一二）で裏付けられた根拠（エビデンス）を、支出の指針とすべきという発想が強まってきた。「数値化」は手掛かりとして有益ではあるが、その有効範囲の限定が重要となろう。「数値化」が独り歩きして個人の内面に踏み込む場合、事態は別の様相を帯びてくる。

教育分野の事例を引こう。義務教育の現場では教科学習の際に生徒の態度をどう成績評価するかが一つの論争点となってきた。指導要録の観点別評価項目には「関心・意欲・態度」（情意）、「知識・理解」（認知）、「思考・判断」（認知）の三項目があるが、情意の評価は温情や懲罰の手段となったり、授業中の挙手や発言の回数で行われたりする懸念があって学説が分かれる（田中、二〇〇四）。情意の評価はこのように扱いの難しさを伴うが、工場で用いられる品質管理の考え方が社会のあらゆる場面に浸透した結果、人間のさまざまな側面、情意さえもデジタル家電の仕様のように出力調整できると錯覚しがちである。

情意（心）を自己制御し接客を行う「感情労働」がサービス化の進展に伴い増加しているが、労働者が板挟みとなりやすいその仕掛けが見えにくい。たとえば介護労働者の場合、出し惜しみと見られないように、定時を超えた無償サービスになりやすい。介護される側（顧客）との長期・短期的な信頼関係にコミットしているがゆえに、十全にその「感情労働」を商品化できない（渋谷、二〇〇三）からである。このように接客労働は製造業と異なり管理者―労働者―顧客の三極関係から成っており、顧客が管理者と利害を共有するなど、それぞれが一方の当事者と協調しつつ他方の当事者と対立するので、製造業を前提とした資本―賃労働関係だけでは説明しきれない（鈴木、二〇一二）。また「感情労働」では管理者による評価が労働者の感情の制御能力に向けられるなど複雑な様相を見せる（水谷、二〇一三）。「数値化」は情意の世界も覆おうとする。

「人間力」重視の時代に警鐘を鳴らす本田由紀（二〇〇五）は、社会意識調査に基づき次のように述べる。これまでは社会的地位のために学歴・学力など「近代的能力」が必要であった。近年は「人格や情動に根ざしたような柔軟なタフネス」が生きていくうえで必要となっている。意欲・創造性・コミュニケーション能力など主観的・人格的・

情意的な「ポスト近代的能力」を問うハイパー・メリトクラシーが「個々人の内面をのぞきこもうとする」眼差しを注いでいる、という。近年の就職面接などはその典型例かも知れない。そして働く者に心から服従しているかどうか自問を仕掛け、「人間力」を競わせ合うものになってはいないだろうか。

マクドナルド化する社会　リッツァ（一九九九）はファストフード店の効率性・計算可能性・予測可能性・制御という原理が現代社会のあらゆる領域に拡大している状況をマクドナルド化と呼ぶが、これまで述べてきた変化を現象面から指摘したものであろう。そのチェーンの有名な「スマイルゼロ円」という宣伝は感情労働を思い起こさせる。しかし新たな動きも生じている。冒頭に述べた「社会」の用語法が分岐しつつあり、その一つはＣＳＲ（企業の社会的責任）、ＳＲＩ（社会的責任投資）、ソーシャル・ビジネスに見られるように、「社会に対する責任や貢献を利潤追求と両立させようとする新しい企業観」であり、社会的公正や連帯という政治的意味を持つ欧州の用語法とは異なるものである（山崎直司、二〇一四）（注四）。他方で「ソーシャル・キャピタル（社会的関係資本）」や「ソーシャル・メディア」のように、人々の交流を指す用法も生じた。

かつて日本では上からの個人情報管理・メディアによる世論誘導などによって異論を封じ込める息苦しい構造を管理社会と呼んだが、鉄のカーテンさえ壊した情報通信の発達は、近年では「ソーシャル・メディア」として社会運動に活用され、独裁者や君主を倒し注目された。しかし昨今では「ソーシャル・メディア」によるコミュニケーションの輻輳が、若者を中心に「絆ストレス」と呼ばれる生きづらさを招いている（香山、二〇一二）。

以上見てきた時代の生きづらい気分は「ブラック企業」に代表される労働現場の劣化など現実の問題と無関係ではないだろう。英国ではアマゾン・コムの物流センター内の従業員が一日最大一五マイル（二四キロ）歩くと報道され（Financial Times 電子版、二〇一三年二月八日）衝撃を与えた。消費者として当然行う際限ない快適さの追求は、同時に財・サービスの生産者でもある自分自身に果てしない負荷となってめぐり来る。「米と言う字は八十八の手間を表す」などと言い古されてきたものだが、未明の製造時刻ラベルが貼られた食べ物を誰かがどこかで作っている、その光景に思いを馳せる余裕もない時代である。思うだけでは何も変わりはしないが、この仕掛けを動かす不可視の主体の名を問うことから、社会についての学びを始められないだろうか。煩わしいリアルなつながりを絶ち切りすぎて、生きづらくなってしまったこの社会から一歩を踏み出すために。

（注二）一九九八年ノーベル経済学賞受賞、その「人間開発指数」は発展の指標を刷新した（セン、一九九一）。（注二）もたらされると推計される便益を、かかる費用で割った数値。（注三）「感情労働」とは客室乗務員や集金人を両極とする対人専門職が、「他人のなかに適切な精神状態を…生産する外面的表情を維持するために、感情を誘発したり抑制したりする」労働である（ホックシールド、二〇〇〇、訳は鈴木和雄、二〇一二による）。（注四）ＣＳＲはCorporate Social Responsibility、ＳＲＩはSocially Responsible Investment の略である。

《参考文献》（引用順）Ｍ・サッチャー（一九九六）『サッチャー回顧録』石塚雅彦訳、日本経済新聞社、山崎将志（二〇一〇）『残念な人の思考法』日本経済新聞社、Ａ・セン（一九九一）「社会的コミットメントとしての個人の自由」川本隆史訳、『みすず』同年一月号、橋本努（二〇〇七）『帝国の条件：自由を育む秩序の原理』弘文堂、田中耕治（二〇〇四）『学力と評価の〝今〟を読みとく：学力保障のための評価論入門』日本標準、渋谷望（二〇〇三）『魂の労働』青土社、Ａ・ホックシールド（二〇〇〇）『管理される心：感情が商品になるとき』石川准・室伏亜希訳、世界思想社、鈴木和雄（二〇一二）『接客サービスの労働過程論』御茶の水書房、水谷英夫（二〇一三）『感情労働とはなにか』信山社出版、本田由紀（二〇〇五）『多元化する「能力」と日本社会』ＮＴＴ出版、Ｇ・リッツァ（一九九九）『マクドナルド化する社会』正岡寛司訳、早稲田大学出版部、山脇直司（二〇一四）「ソーシャルの多義性　その概念史的考察」『ＣＥＬ』Vol.一〇六、大阪ガスエネルギー・文化研究所、香山リカ（二〇一二）『絆ストレス』青春出版社

ネット右翼

共感を増幅するネット空間の危うさ

谷村　要

はじめに

二〇一二年以降、メディア上で日本の社会問題の一つとして取り上げられたものにヘイトスピーチがある。このヘイトスピーチとは、「憎悪表現」とも「差別言論」とも呼ばれる活動を指す。ユーチューブにはヘイトスピーチをおこなう団体、あるいはそれに対するカウンター活動をおこなう団体によって、さまざまなヘイトスピーチの現場を撮影した映像がアップロードされている。映像中には、団体の成員たちがエスニック・マイノリティに対して罵詈雑言を浴びせている様子が映し出されているが、このように自身の抱える憎悪を露骨に表現する――憎悪を煽る表現活動は近年ドイツなど欧州諸国において規制する対象となっている活動である（ブライシュ、二〇一四）。この規制は「表現の自由」という権利と対立するため、非常にデリケートな問題を孕んでいるが、この項で今回説明したいのは、ヘイトスピーチそのものの問題ではない。ここで論じたいのは、日本のヘイトスピーチが何をきっかけに拡大し、ネットで盛り上がっていったかである。

ヘイトスピーチの主体・ネット右翼

ヘイトスピーチの主体となる団体としてもっとも有名なものに「在日特権を許さない市民の会」がある。通称「在特会」とよばれるこの組織は、二〇一四年五月二八日の段階で一万四〇〇〇人を超える会員数を擁するとされ、日本でもっとも大きな右派系グループの一つである。彼らのヘイトスピーチの標的はもともと在日コリアンだったが、現在ではそれ以外のマイノリティへも拡大されており、日本社会の大きな問題として国際的に認知されるようになっている。

この在特会の特徴の一つとして、インターネットを通じた会員募集が挙げられる。同会のホームページにある「会員登録」のフォームを使えばすぐに会員になることができるようになっており、そのことが会員数を大きく伸ばすことにつながったといわれる。

たとえば、在特会会員へのインタビューなどを通じて「日本型排外主義」を描き出した社会学者の樋口直人（二〇一四）は、そのメンバーの多くが排外主義活動に関わるきっかけが、ネットであったことを指摘する。樋口は従来の右翼活動に携わる人びとが知り合いなどを通じて運動に参加することを紹介したうえで、在特会の人びとについてこのように説明する。


ところが、排外主義運動のなかでも在特会の場合には、それ以前の組織加入経験がまったくない者が圧倒的多数だった。そうした基盤がない状態で組織機能を代替したのはインターネットであり、それなくして排外主義運動が台頭する事態は起きなかったと思われる。（一一九頁）

少なくとも在特会においては、右派グループになかなか所属する機会になかった人びとを入会に結びつけた媒体がインターネットだったことになる。インターネットにおいて右翼的な発言をする人びとをネット右翼と呼ぶが、在特会はそのネット右翼という素地があって成り立っている組織であるといえる。

では、このようなネット右翼たちによるヘイトスピーチはいつごろから日本社会に表出し始めたのだろうか。

ネット右翼的価値観の台頭　二〇〇五年に発行された『マンガ 嫌韓流』という作品がある。この作品が発売前に予約のみでネット書籍販売最大手のアマゾンで売り上げ一位となったことは、ヘイトスピーチの源流の一つとして挙げられる出来事だろう。同書は書名にあるように「嫌韓」をテーマとしたマンガだが、もともとネットに掲載されていたものを書籍化したものである。それが当時ベストセラーとなったということは、韓流ブームの最中であった二〇〇五年にはその潮流を嫌う人びとが一定数存在していたことをはっきりと示している。

では、その「嫌韓」感情――後のヘイトスピーチに連なる感情の源流はどこにあるのだろうか。一つの大きなきっかけとされるのは、二〇〇二年サッカー・ワールドカップ日韓大会である。この大会で共催国である日本と韓国の両代表チームは当時の歴代最高成績を挙げているが、日本代表がベスト16で敗退したのに対し、韓国代表はベスト4にまで躍進することになった。当時、日本のマスメディアは共催国である韓国を応援しようとする姿勢を取ったが、一方でネット上では、韓国に敗退した各国のメディアで問題視されていた韓国代表のラフプレイや、主審がそれらのプレイをファウルにとらないことへの不満が「2ちゃんねる」を中心に話題になっていた。このことは、韓国代表応援一色であったマスメディアとネット世論とのかい離を浮き彫りにすることになる。マスメディアではそのラフプレイ問題がほとんど報じられていなかったため、ネットではマスメディアの報道姿勢への不満が渦巻く状態がつくられていた。そのメディアへの不信が最終的に「湘南ゴミ拾いオフ」というネット上の祭りにつながっていくことになる。このワールドカップ日韓大会を『マンガ　嫌韓流』では冒頭に紹介しており、また、在特会を取材してきた樋口直人（二〇一四）や安田浩一（二〇一二）も在特会メンバーからの聞き取りでこのワールドカップを巡る報道姿勢がヘイトスピーチ活動とかかわる大きなきっかけになったことを自著の中で紹介している。

後に「ネット右翼」と呼ばれる人びとにとって、この出来事はたいへん大きなものであったことがうかがえる。このワールドカップにおけるネット上の言説についてさらに掘り下げたい気持ちもあるが、ここでは、なぜそのようなラフプレイ問題が最終的にヘイトスピーチにつながっていくのか、それを生み出すインターネット利用の構造に迫っていきたいと考える。それをとらえるうえで、ワールドカップ後に実施された「祭り」である「湘南ゴミ拾いオフ」を紹介したい。

「湘南ゴミ拾いオフ」　ワールドカップ三位決定戦の中継では、勝利したトルコの表彰シーンを流さず、四位に終わった韓国の表彰までで番組が終了してしまった。中継局であったフジテレビとしては後の番組が押していたこともあっての判断だったのかもしれないが、この出来事は当時マスメディアへの不信を高めていたネットユーザーたちの怒りを爆発させるには十分であった。

結果、一部のユーザーたちが中心になりフジテレビへの「嫌がらせ」行動が起こされることになる。この「嫌がらせ」とは、二〇〇二年七月七日に放送される「二七時間テレビ」の企画の一つであった湘南海岸の清掃活動が実施される前にゴミを拾いつくしてしまおうとするものだった。ネット上で呼びかけられたこの湘南海岸のゴミ拾いは、最終的にのべ一〇〇〇名近い人数を集めることに成功する。そして、彼らは「二七時間テレビ」の放送前にゴミを拾いつくしてしまうのである。この「湘南ゴミ拾いオフ」はネットの動員力が現実に作用をおよぼしうる可能性を示した点で日本のインターネット史に残る事件であった。しかし、その始まりは、サッカー韓国代表に対する中継姿勢という、一見すると行動と無関係な動機だったのである。どうしてこのような力をネットは持ちうるのだろうか。

サイバーカスケード　ネットの議論の盛り上がりが現実に作用するほどの力を持ち得たことを理解するうえで、アメリカの政治学者であるサンスティーン（二〇〇三）の議論を紹介したい。彼はネット上においてどのように情報が伝播し、いかなる言説が作られていくかを示す概念として「サイバーカスケード」を提唱した。カスケード（cascade）とは階段状の滝を意味する言葉であるが、この用語はネット上の情報の流れをたとえたものである。

ネット上で私たちはさまざまな情報にアクセスすることができる。しかし、多様な選択肢がある状況でどのような情報を私たちは選ぶだろうか。自身のネット体験を思い浮かべれば、多くの場合は自分が欲している情報を検索サイトで見つけ出し、そこにアクセスしているのではないだろうか。このような人びとの情報行動が結果的に何を引き起こすのか？　それがサンスティーンの議論の中心的な問いである。

サンスティーンは情報社会において私たちが「欲しないものをふるい落とす巨大な能力」（三一頁）を有することを指摘したうえで、それがもたらすかもしれない大きな問題点として集団分極化現象（「サイバーバルカン化」）を挙げる。人びとが自らにとって望ましい情報ばかりを見る状況は、一方で、「自分から進んで選ばないが、ためになるものへの接触やコミュニケーションの共有体験」（六五頁）を減らすことにつながる。畢竟、自分と同じ意見や近しい価値観を持った人びととしか交流しなくなり、自分にとってイライラする意見や全く異なる価値観に触れることがなくなっていくことにつながる。そして、その結果、もたらされるのが集団分極化現象なのである。集団分極化について、サンスティーンはこのように説明している。

> 集団分極化とは以下のような非常に単純なことを意味する。グループで議論をすれば、メンバーはもともとの方向の延長線上にある極端な立場へとシフトする可能性が大きい。インターネットや新しい情報通信テクノロジーに照らし合わせてみれば、同じような考え方の人間が集まって議論すれば、前から考えていたことをもっと過激なかたちで考えるようになる、ということを意味する。（八一頁、傍点は原文ママ）

ネットにおける議論が極端な方向へとシフトしていく力は「祭り」を駆動させる力にもなるし、ネット上で「炎上」した人物を徹底的に追い込めようとする力にもなる。このようなネットの特性が社会の分裂状況をつくりだすことをサンスティーンは危惧していたのである。

このサンスティーンの議論は二〇〇〇年代初頭になされたものであるが、二〇一四年現在のインターネット上を見ると、彼が指摘したネットの「見たいものだけを見ることができる」システム――サンスティーンは音を反響させる部屋を意味する「エコーチェンバー」になぞらえる――はより強化されているように見える。検索技術はより正確に求める情報を探し出すようになり、ブラウザやサイトのカスタマイズ機能も充実しつつある。そして、SNSは自分と価値観の近い友人やフォロワーを増やしやすいシステムを完成しつつある。このように「つながる」技術が整備されていく中で、以前より大きなムーブメントがネットを媒介としてつくりだされつつある。

その事例として、たとえば、二〇一一年に「アラブの春」と呼ばれたアラブ諸国の民主化運動を挙げることができるし、流行があっというまにネット上で拡散し消費されている状況も挙げられるだろう。たとえば、二〇一三年二月ごろから流行し始めた「マカンコウサッポウ（複数人がタイミングよくジャンプするなどした瞬間を撮影した写真をＳＮＳに投稿する行為）」のブームなどはその代表例といえる。

このようにネット上のコミュニケーションを通じて特定の文脈が共有されていくことで、社会変革やマスメディアを介さない流行が生み出されるようになっている。しかし、一方でヘイトスピーチのような問題も見られつつある。ヘイトスピーチに対するカウンター（反対）行動をとる人びとも出てきているが、結果としてデモの現場でヘイトスピーチ側とカウンター側で衝突が起こるようにもなっている。この両者は、サンスティーンの危惧したように、ネット上などで対話することはなく、むしろお互い近い立場の者同士での連帯を強めており、その行動がエスカレートしつつある。

共感を省みる　ジャーナリスト・安田浩一は在特会の活動における「連帯」や「団結」がまぶしくうらやましく見えたと『ネットと愛国』の中で述べている（三六二頁）。共感できる仲間たちとつながりあい、同じ目的をもって活動することは情熱と喜びを伴うものである。だからこそ、ネットの共感をつなげる力はときに社会を変革する力にもなるのだが、一方で、他者排斥の言説にもつながる危うさを持つ。ゆえに、私たちはネットで共感する言説に出会ったときに、自らの共感が自身のどのような価値観や感情から導かれたものなのか、よく考える必要がある。このことは言うは易く実行するのは難しいことである。しかし、たとえ困難であろうとも、ネット上でさまざまな人びととつながりあえる私たちにとって、何かに共感する己を省みることは必要なメディアリテラシーになっているのではないだろうか。

《参考文献》エリック・ブライシュ（二〇一四）『ヘイトスピーチ―表現の自由はどこまで認められるか』明戸隆浩・池田和弘・河村賢・小宮友根・鶴見太郎・山本武秀訳、明石書店、キャス・サンスティーン（二〇〇三）『インターネットは民主主義の敵か』石川幸憲訳、毎日新聞社、樋口直人（二〇一四）『日本型排外主義―在特会・外国人参政権・東アジア地政学』名古屋大学出版会、安田浩一（二〇一二）『ネットと愛国―在特会の「闇」を追いかけて』講談社、山野車輪（二〇〇五）『マンガ　嫌韓流』晋遊舎

人材育成

キャリア形成と人間関係

坂本　理郎

自分の上司は選べない　私たちのキャリアは、社会の中で形づくられる。社会とはいろいろなレベルで捉えることができるが、身近な視点に立てば、働く職場の人間関係の中と言うことができるだろう。しかし、自分の思いのままに働く相手を選択したり、コントロールしたりすることは難しい。就職や転職の活動では、誰もが人間関係の良い職場を選びたいと思うが、入社後はじめて現実が分かるのがほとんどであろう。

その反面、人間関係は私たちのキャリア形成には大きな影響を及ぼす。たとえば、独立行政法人労働政策研究・研修機構の二〇〇七年の調査によれば、全国の公共職業安定所に来所した求職者（三五歳未満）の離職理由（複数回答）として「職場の人間関係がつらい」と答えた人が四分の一余りあった。人間関係が原因で仕事を辞める人は多いのである。

一方、ある日本の企業で行われた研究では、入社後三年間の直属上司と部下の人間関係が、入社七年目や一三年目の客観的なキャリア結果（昇進速度、給与、ボーナス、昇進可能性評価、能力評価）との間に相関関係があることが分かった（若林、一九八七）。このことから、入社当初の上司との人間関係に恵まれた人は、その後のキャリアに良い結果をもたらされるが、恵まれなかった人は、昇進や給与といった面において不本意な結果になる可能性が高いと推測できる。しかし、新入社員が自分の上司を選択できる可能性は低く、運しだいというのが実情であろう。

企業側から見ても、新入社員と上司の人間関係を、意図的に良いものにすることは難しい。ましてや、キャリア形成に影響を与えるのは、上司と部下というフォーマルな上下関係だけではない。同僚や部下、後輩といった共に働く多様な人々との間にインフォーマルな関係性も構築している。それらの人々との関係性を良好なものにするなど、ほとんど不可能ではないだろうか。

人間関係をマネジメントする　しかし、「運しだい」と言って諦めてしまうことは、企業経営の立場からは問題ではないだろうか。いわゆる「人的資源管理」では、働く人々は経営目的を達成するための資源であり、その能力開発や有効活用のための一連の管理的活動を企業が行うと考える。その管理の対象に、職場の人間関係が含まれる。人的資源管理の源流といわれる「ホーソン・リサーチ」では、一九二四年から三二年にかけて、米国電話電信会社（ATT）の電話機製造部門であったウェスタン・エレクトリック社で実施された一連の調査の結果から、作業集団内の同僚とのインフォーマルな人間関係が、職務に対する動機づけや生産性に影響を及ぼすことが発見された。その後、所属組織における人間関係を通じて働く人々の動機を高めるという視点は、現代の企業経営にも活かされている。このように、職場の（インフォーマルを含む）人間関係は人的資源管理の対象だと言えるが、ホーソン・リサーチに代表される「人間関係論」では、日々の仕事に対する動機づけや生産性に影響を与える要因としてしか捉えられておらず、キャリア形成に影響を与える要因としては考えられてこなかった。

この問題に関連して、ボストン大学のダグラス・ホール教授は、「関係性アプローチ」という考え方を示している（Hall 2002）。彼は、一緒に働く人々との人間関係は、組織の中にある最も日常的に接しやすい「天然資源」の一つであり、人間関係の質がお互いのキャリア発達を促進すると考え、組織や人事部、あるいは上司の役割は、キャリア発達に必要な人間関係や仕事を取りもったり、促進させたりすることであると考えている。つまり、働く個人のキャリア発達は、人事部や上司による人間関係の管理によって促進させることができるというのである。このような視点に立ち、職場の中で経験豊かな人物（メンター）が、未熟な人を継続的に支援する制度＝「メンタリング制度」

が多くの企業の中で取り入れられてきた。メンタリングは、被支援者（プロテジェ）の昇進や報酬といった客観面だけでなく、自己有能感やアイデンティティ、職務満足といった主観的なキャリアへの効果も指摘されている。

多様な人間関係のネットワーク　しかし、組織の中の誰もが良きメンターに恵まれるわけではない。フォーマルなメンター役の人に若手社員の育成を期待するあまり、その物理的・精神的負担が集中し、メンター側の成長を阻害するということもある。また、個人はたった一人の上司やメンターによってその発達を支援されているのではなく、同僚、家族、友人といったインフォーマルなものも含む多様な人間関係のネットワークの支援を受けてキャリアを発達させている。そこでHiggins & Kram（2001）は、「デベロップメンタル・ネットワーク」という概念を提唱している。このデベロップメンタル・ネットワークとは、「プロテジェのキャリア促進に関心を持ち、プロテジェが発達的支援を提供してくれる人だと名前を挙げた人々によって形成された、エゴセントリックな（自分を中心とする）ネットワーク」（p.268）と定義される。そこには、職場や組織の外にある他者との人間関係も含まれている。

職務の特性によって決まる有効なネットワーク　ここまでを整理すると、キャリア形成を促進する人間関係はマネジメントの対象であり、その対象者は上司以外の多様な人間関係も含むべきだということである。では、どのような方法でより有効な人間関係のネットワークの構築を促進することができるのであろうか。坂本・西尾（二〇一三）は、企業の若手社員に対する調査から、被支援者の「職務特性」と「本人の他者への関わり行動」、および「上司の関わり行動」という三つの要因が、成長に有効な関係性のあり方に影響すると推察している。具体的には、若手社員が、新製品の開発や新規開拓営業など新規的な要素が強い職務に従事している場合は、多様な対象者から成り、比較的つながりが緩やかなネットワークが有効に機能する。これは、扱う製品や顧客が新規的であると、上司からの情報やアドバイスだけでは対応しきれないことがあるため、上司以外の（時には職場外・組織外の）人間との関係構築に積極的になるからだと考えられる。ただし、その人が他者との関わりに消極的であったり、上司がその人に対して指示・命令的に関わったりする場合には、同様の職務特性に従事していても有効なネットワークが構築されない。逆に、ルート営業や生産管理など定型性が高い職務に従事している場合は、ネットワークに含まれる人物の多様性は低く、特定の上司や先輩との緊密な関係の中で知識や技能を指導されて成長する。

このような調査結果を実際の人材育成に活用するとすれば、他者との関係構築に積極的な若手社員は、新規的な側面が強い職務があり、かつ委任的な上司がいる職場への配置が適しているだろう。逆の場合は、定型的側面が強い職務があり、上司や先輩が緊密に関わってくる職場の方が適しているかもしれない。もちろん、若手のキャリア形成のためだけに人員配置を行うことは難しいが、そのために可能な限りの工夫をすることがマネジメントに求められているのではないだろうか。

《参考文献》

独立行政法人労働政策研究・研修機構（二〇〇七）「若年者の離職理由と職場定着に関する調査」『ＪＩＬＰＴ調査シリーズ』No. 36
Hall, D.T. (2002) Careers in and out of organizations, Sage.
Higgins, M. C. & Kram, K. E. (2001) "Reconceptualizing mentoring at work: A developmental network perspective." Academy of Management Review, 26(2), 264-288.
坂本理郎・西尾久美子（二〇一三）「キャリア初期の人間関係に関する研究　デベロップメンタル・ネットワークの視点から」『ビジネス実務論集』第三一号、一～一〇頁。
若林満（一九八七）「管理職へのキャリア発達―入社13年目のフォローアップ」『経営行動科学』第二巻、第一号、一～一三頁。

不法移民

アメリカを目指す「名も無き」人々

田中　紀子

二〇〇三年五月、一台の冷蔵用トラックがテキサス州の国境沿いの町を出発し、ヒューストンに向かった。外側から閉められた暗い荷台に乗っていたのは一〇〇人近いメキシコや中米出身の不法入国者であった。冷蔵装置は作動しておらず、彼らは高温と脱水と酸欠に苦しめられ、途中ヴィクトリアの町近くで運転手がトラックを放置して立ち去ったため、一九人が死亡するという惨事となった。翌年、この事件を一人のニューヨーク大学の大学院生が短編映画『ヴィクトリア・パラ・チノ』（Victoria Para Chino）に仕上げ、サンダンス映画祭では学生制作部門での賞を受賞した。この学生の名前はケイリー・フクナガ、一九七七年カリフォルニア州生まれの日系人である。

その後フクナガは再び不法移民を題材とする映画に取り組んだ。脚本と監督を担当し、彼にとっては最初の長編映画 *Sin Nombre* が完成した。アメリカとメキシコで二〇〇九年（日本では二〇一〇年、邦題『闇の列車、光の旅』）に公開され、オースティン映画批評家協会賞を受賞する他、数々の賞にノミネートという快挙を成し遂げた。ここでは、この作品に登場する若者達を取り巻く状況、彼らの旅、そして彼らが目指すアメリカの対応について見てゆこう。なお、ここでの「アメリカ」はアメリカ合衆国を示す。

「名も無き人々」

映画の原題 *Sin Nombre* は「名前の無い」という意味のスペイン語である。映画に登場する人々の大部分が、社会の底辺のいわば「名も無き」人々で、彼らが他国へ不法入国をする際には氏名等を明記した正式な書類を持たず、まさに「名前の無い」状態となる。

映画の主人公はウィリーとサイラという一〇代の男女で、メキシコ人のウィリーが壁一面の写真を見ているところからスタートする。その写真に写っているのは、木立を抜けて明るい日光の当たる場所に続く道である。彼はマラ・サルバトゥルチャという実在するギャングの一支部のメンバーである。この組織はアメリカ国内にまで活動範囲を広げ、麻薬や銃の取引を行い、毎日のように強盗と殺人を繰り返している。ウィリーも犯罪に明け暮れる日々を送っているのだが、最近できた恋人にはこれを明かせず、写真を見つめる冴えない表情が彼の内心を表している。一方、サイラが住んでいるのはホンジュラスで、彼女も最初に登場する時には浮かない顔をしている。五年以上前にアメリカへ渡った父親が強制退去となり戻ってきて、すぐにでも一緒にアメリカへ旅立とうと言うのである。

ラティーノの人口、分布、出身国　ウィリーとサイラは映画の半ばからアメリカへの旅を共にする。彼らがアメリカへの入国を果たすと「ラティーノ」と分類されることになる。アメリカ在住者のうち、メキシコ以南の国々の出身者とその子孫は「ラティーノ」と称されるからである。人種を示す語ではないため、白人やアジア系のラティーノも存在する。その中のスペイン語を公用語とする地域の出身者を特に「ヒスパニック」と呼ぶ場合もあるが、近年「この二語は交換可能」と説明したり、「ヒスパニック／ラティーノ」と表記する公文書も増えている。

アメリカの人口に占めるラティーノの割合は増加傾向にある。二〇〇〇年の国勢調査ではラティーノは全体の一二・五％を占め、従来最大のマイノリティであった黒人（一二・三％）を上回った。さらに二〇一〇年には全人口の一六・三％にまで上昇し、その数は約五〇四八万人になった。この勢いでゆくと二〇四三年には白人（非ラティーノ）は少数派に転じ、二〇五〇年にはラティーノの人口は全体の三〇％に達すると予測されている。

ラティーノの出身国として群を抜いて人数が多いのは、ウィリーの国メキシコ（六三％）で、プエルトリコ（九・二％）、キューバ（三・五％）と続く。ラティーノ住民の多い州は順にカリフォルニア、テキサス、フロリダ、ニューヨークで、最初の二州にはメキシコ系、フロリダにはキューバ系、ニューヨークにはプエルトリコ系が多い。

サイラの国であるホンジュラス出身者とその子孫はアメリカ全土に約六三万人おり、ラティーノの出身国としては第七位の人数である。サイラの父親が新しい妻と、彼女との間にもうけた三人の娘も一緒に住んでいるのはニュージャージー州で、ラティーノはこの州の人口の一七・七％、約一五六万人である。ニュージャージー州労働力開発部の発表（二〇一一年）には、プエルトリコ出身者数が最も多くて約四三万、次がメキシコで約二二万、第八位のエルサルバドルの約六万まで記されているが、ホンジュラスについてはそれより少ないことしかわからない。

ラティーノの不法移民　前頁に挙げた国勢調査の数字には当然のことながら不法移民は含まれていないが、国土安全保障省の推定（二〇一一年一月）によれば、総数約一一五一万人の不法移民がアメリカには在住し、北米（カナダも含む）および中米出身者はその七七％である。男性は五三％、二五歳から四四歳の年齢層が最も多くて五九％、ウィリーとサイラに該当する二四歳以下は二六％である。出身国の人数は、メキシコが最多で約六八〇万人、不法移民の五九％を占めている。このあとの順は合法的な在住者の場合と異なり、エルサルバドル（メキシコ出身者の約一〇分の一）、グアテマラ、ホンジュラスとなっている。ラティーノの不法移民数が多い州の順は国勢調査と同じで、カリフォルニア、テキサス、フロリダ、ニューヨークと続き、ニュージャージーは第七位である。ウィリーが心を惹かれているのはメキシコと国境を接するテキサス、サイラが向かうことになるのはさらに北のニュージャージーである。テキサスからニュージャージーは、ホンジュラスからテキサスの距離より遠く、またすでに述べたように同国人が少ないのに、なぜサイラの父がその州に住むようになったのか、映画はその理由には触れていない。

不法移民には、密入国した者と、合法なビザまたは国境通過証で入国し、期限が切れた後も滞在を続ける者がいる。サイラの父親のように、強制退去後に密入国を試みる者も多い。その最大の原因は本国での生活の苦しさである。アメリカとの賃金格差は大きく、メキシコの最低賃金はアメリカの約一四分の一である（アメリカ労働省、二〇一三年）。アメリカでの豊かな家族生活、あるいは本国に残してきた家族への送金のため、実入りのよいアメリカでの仕事を求めるのだ。このアメリカへの憧憬は、映画の中ではウィリーのテキサスへの熱い思いに示されている。

彼は停車中の列車を見て、「あの列車は俺たちのだ。あれに乗ればテキサスへ行ける」と恋人に話す。この恋人を失った後に出会ったサイラにも自分の心の内を話す。以前テキサスへの途中で見かけたという飛行機工場について、「地球儀みたいなドデカイ看板がネオンでキラキラ光ってた」と言うのだ。ちょうどこの時、二人の頭上を飛行機が飛んでゆく。目的地までの短時間の旅が可能な飛行機は、贅沢で快適な「夢」の交通機関である。看板の大きさと輝きは、ウィリー達「名も無き人々」にとっては希望に満ちた広大なアメリカに通じるものと言えよう。

ホンジュラスの首都テグシガルパに住むサイラは口数少なく忍耐強い娘である。祖母や叔父達との生活は見るからにつましいが、彼女が不満を口にすることはない。この国の最低賃金はアメリカの約五分の一、メキシコより生活は楽である印象を与えるが、どちらの国においても、この法定賃金以下で働き貧困ラインを下回る生活を余儀なくされている人々は、国民の半数近くに上る。アメリカ行きに乗り気でない表情のサイラに、叔父は「アメリカもキビシイが、ここには何もない。未来も」と言う。この言葉にホンジュラスの絶望的な状況が集約されている。貧しさは犯罪に繋がる。国連薬物犯罪事務所の報告によると、二〇一〇年以降ホンジュラスは殺人率が世界最高の国となっており、都市単位では首都テグシガルパの殺人率は第五位、一〇万人当たり一〇一人である。ちなみに、殺人率第一位のサン・ペドロ・スーラもホンジュラスの都市である。殺人が日常茶飯事という環境にいれば、越境という命がけの行為に対して、日本人が想像するほどの気後れはないかもしれない。一〇代の子供の中には、先にアメリカへ行った親に会いたい一心で国を飛び出す者も多く、アメリカへの不法移民は増え続けるのである。

不法移民の旅　故郷を出たサイラ達は密林の中を歩き続けてグアテマラに入り、川を渡ってメキシコとの国境を越えるが、その直後、他の不法入国者と共に国境警備隊に所持金を取り上げられてしまう。それから先は列車の屋根の上での無賃の旅となるのだが、本数は少なく速度は遅い。テキサス州南端までは「二〜三週間かかる」とサイラの父親は言い、「半数の人々は目的地に着けない」と付け加えるほど過酷な旅なのである。映画に描き出された事柄を見てみよう。まずは昼夜の大きな温度差である。走る列車からウィリーが手を伸ばして木の枝をもぎ取るのは、夜にたき火で暖を取るためである。沿線の住民から罵声と共に石を投げつられることもある。だが食べ物を投げてもらい、つかの間でも飢えを忘れられることもある。投げられた果物を捕えて嬉しそうなサイラの顔が印象的である。ビニールシートを広げ、その下で身内が体を寄せ合って突然の雨を凌ぐ場面もある。彼らが目を光らせなければならないのは国境警備隊であり、逮捕を逃れようとしたサイラの父親は列車から落下して死亡、叔父は捕まって強制退去となってしまう。さらに恐ろしいのが犯罪組織の襲撃である。ウィリーと、彼のボスのリルマゴ、そして新入りの少年の三人は、人々を銃で脅して現金を強奪し始める。リルマゴはサイラへのレイプにも及ぼうとするが、ウィリーに喉を掻き切られ、列車から突き落とされる。自分の恋人をリルマゴに殺害されたのも同然のウィリーにとって、復讐心と日頃の鬱積した気持ちも相まっての行為だったのだ。これがサイラとの出会いとなる。当初は「生きるあてもない」とか「俺の人生はどうでもいい」と投げやりなウィリーだったが、徐々に「もちろん（君と一緒にニュージャージーへ行く）」と前向きになってゆく。

映画が取り上げたのは、すべて実際に起きている出来事である。サイラが父親達と列車の屋根によじ登りようやく発車できると思った時に、その前方での脱線事故のためその夜は発車しないと知らされる場面があるが、このリアリティを改めて感じさせられる事故が二〇一三年八月二五日に起きている。メキシコ南部での貨物列車の脱線事故で、死者六人、負傷者二〇人以上、「列車の屋根の上には、米国への移住を目指すメキシコ人やホンジュラス人らが多数、無賃乗車していた」のである（『読売新聞』、二〇一三・八・二六）。また、このほぼ一月前には、移民権利活動家や四〇以上の人権保護団体やシェルターなどが、アメリカへ向かう不法旅行者の大量虐殺への対策を求める書面をメキシコ大統領に宛てて送っている（「ヒスパニック・ニュース・ネットワーク」、二〇一三・七・二一）。一人当たり一〇〇ドル以上の「乗車賃」をマラ・サルバトゥルチャから要求され、時にはアメリカの家族に送金が命じられ、払えない場合には殺害、放置される事件が後を絶たないからである。また、何人もの女性不法旅行者が売春目的で誘拐され売られていて、こういった惨劇を生む列車は「獣」（La Bestia）とさえ呼ばれている。だが、国境警備隊や警察がギャングと結託していることも多く、短期間での状況の改善は望めそうにない。その他にも、走り出した列車への飛び乗りに失敗して足を失くしたり、張り出した電線で喉を切るという事故も続発している。

ラティーノ不法移民への対策　オバマ政権下のアメリカは国境警備をさらに強化し、赤外線監視カメラや高輝度ライトなどに加えてフェンスを厳重にし、国境警備隊員と監視用無人機の数も増やしている。しかし、そうすると自然条件の厳しい砂漠や山岳地帯、川からの入国を試みる人が増え、熱射病、脱水症、溺水による死者が増える。二〇一二年にはアメリカ南西部の国境沿いで四七七人の死体が確認され、その前年の数（三七五人）を上回った（*USA Today*　二〇一三・三・一八）。映画の中では、ボスの仇を討とうとするギャングの執拗な追跡をかわせず、ウィリーは国境のリオグランデ河畔で斬殺されるが、サイラはその後歩き続けてテキサスのある町にたどり着く。一〇代の娘の一人旅としては奇跡的な幸運としか言い様がない。彼女が公衆電話からニュージャージーの「家族」にコレクトコールを掛け、異母妹の歓喜の声が聞こえるところで映画は終わる。しかし、これをハッピーエンドだと手放しで喜ぶわけにはゆかない。サイラの三人の異母妹はアメリカ生まれなので自動的にアメリカ市民なのだが、サイラは不法移民であり、父親同様いつ国外追放になるとも限らない。英語という言語の壁も立ちはだかっているし、ラティーノに対する差別的な言動に悩まされる可能性も高い。

二〇一二年六月、オバマ大統領は不法移民の国内滞在と労働ビザ申請を許可すると発表した。該当するのはその時点で三〇歳以下であり、一五歳未満で入国し五年以上連続してアメリカに居住し、高校在学中か既卒、または米軍での勤務経験があり、犯罪歴の無い者であった。喜びに沸くラティーノの様子が報道されたが、この暫定措置の二年が過ぎた二〇一五年二月現在、新しい移民法への議会の承認は得られていない。アメリカ経済と文化へのラティーノの貢献を評価し、人道的な見地から彼らを応援する者もいれば、彼らに仕事を奪われるとの抗議や、伝統的な価値観が損なわれるとの主張もあり、アメリカの世論は二分している。またメキシコ以南の国情も関係することから、「サイラ」達ラティーノ不法移民に対するアメリカの包括的な制度改革には、越えるべきハードルはまだ多く残されている。

協働

第二ステージの「新しい公共」

石割　信雄

新しい公共とは　一九九五年一月一七日に発生した阪神・淡路大震災で被災者支援に大きな役割を果たしたのが全国から駆けつけたボランティアたちだった。かれらの活躍から国民はボランティア活動を再評価した。そしてこれをきっかけに、国会は一九九八年三月に与野党全会一致で議員立法の「特定非営利活動促進法」（ＮＰＯ法）を制定した。このことから一九九五年はボランティア元年と呼ばれている。今、ＮＰＯは「新しい公共」の担い手として福祉、環境、まちづくり、スポーツなどさまざまな分野で社会的存在感を高めている。では「新しい公共」とは何か。

「新しい公共」は民主党政権が初めて使用した言葉だが、自民党も橋本内閣以降、ＮＰＭ（New Public Management）改革の文脈で「新しい公」の言葉を使用していた。ＮＰＭ改革とは国家財政の再建をめざして行政の経営改革に取り組む理論である。行政サービスを顧客サービスとして施策目標を定め、行政改革とともに市場メカニズムを最大限に活用して施策を行い、また行政評価により更に経営改革を一層進めようとするものである。なかでも二〇〇一年四月に発足した小泉内閣は「民間にできることは民間にゆだね、地方にできることは地方にゆだねる」とし、これをキャッチフレーズに民間活力の導入、地方分権改革の推進そして行政の構造改革に取り組んだ。そして二〇一〇年一月、政権交代を果たした民主党の鳩山首相は、所信表明で身近な課題を解決するために活躍している人々の力を「新しい公共」と呼び、市民やＮＰＯの力を支援することによって、自立と共生の社会を築き、地域の絆を再生し、肥大化した官をスリム化したい、とした。その内容は「『新しい公共』円卓会議」で具体的に議論された。そこでは、公共領域を国民、企業やＮＰＯなどの事業体にも開放し、民間、政府がそれぞれ協力関係を築き、対等の立場で対話と協働を進めるべきである、とした。さらに、税制改革やＮＰＯ認定制度の見直し、規制改革などの断行を求めた。その結果、政府はＮＰＯが一般からの寄付金額によって算出する支持率、つまりＰＳＴ(Public Support Test) 基準の緩和や認定ＮＰＯ法人への寄付金控除改革を行った。

こうして政治の舞台ではＮＰＯなどの活動をＮＰＭ改革と関連づけ、公共領域の再編が議論された。

では、研究者は「新しい公共」をどのように見ているのだろうか。多くの研究者が各分野で「新しい公共」を議論しているが、ここでは公共政策の分野での主な議論を三つの視点に区分し、見てみよう。

《市民的公共性》篠原（二〇〇四）は、さまざまな市民運動、住民運動に市民が自主的に参加するようになりそのなかからボランティア、介護、まちづくりなどポジティブな参加が生まれ、九〇年代に市民的公共性が説かれるようになった、とし、市民によるさまざまな自主的な社会貢献活動から「新しい公共（性）」を発見しようとする（一一九～一二五頁）。村松（二〇一一）も、規範、ルール面から「公共」を国家的公共と非国家的公共に区分し、イデオロギー過程の終焉や財政制約による九〇年代の国家的公共の衰退をあげ、そうしたことからＮＧＯ、ＮＰＯに代表される市民的公共の範囲が拡大した、と指摘している（六～一四頁）。

《行政の改革変動》稲生（二〇一〇）は地方分権改革、三位一体改革による自治体の権限や財源の改革、また海外での公民連携の浸透といった動き、さらに行政部門の資金調達が民間資金へシフトしていることや「市場原理」への対応といった大きな流れがある時期に合流することで公共領域の窓が開く、とする（一五七～一六九頁）。

《ＰＰＰ》新川（二〇一一）は市民と行政との連携であるＰＰＰ（Public Private Partnership）に着目する。これによると、政府のルールの下にＮＰＯなどが公共的機能を果たし始め、同時にＮＰＭ型改革により公的ガバナンスも変化したことから、「新しい公共」は公共サービスがパートナーシップ型サービス、市民提供型公共サービスへ構造転換したものとして捉えられる、としている（二五～三二頁、一三一～一三七頁）。

これらの見解を総合してみると、政府（自治体）は財政能力の限界からNPM改革や規制緩和を実施し、政府機能を縮小しようとする一方、多様化した行政ニーズに応えられなくなった政府（自治体）に対し、機能拡大したNPOなどは「新しい公共」の主体として、またPPPで市民的公共性を発揮している、とした構図が描けよう。

NPS理論の援用　ところで、行政とNPOなどがPPPとして「協働」する場合、行政はNPOなどへの補助金支給、あるいは公的施設の使用許可により支援する事例が多い。例えば、補助金支給の場合、行政が事業公募を行い、有識者・市民などによる委員会で提案内容を審査のうえNPOなどに経費の一部を給付する、といったケースである。NPOからの提案内容は植林・植栽、イベント開催、高齢者支援、公園整備などさまざまである。この審査にあたっては、事業の緊急性、必要性、整合性などがチェックされる。しかし、そこでは行政、NPOが提案内容を争点化して議論する場がないこと、また、NPO側には提案却下に対する反論の機会がないこと、さらに、行政補助に依存するNPOには行政と駆け引きする余裕もないことなどの問題点が指摘できよう。

行政にとって「協働」事業は単独事業より経費節減となり、また、効率よい事業展開が期待できる。これはNPM改革の目的と合致し、行政のメリットとなる。一方、NPOにとっては協働事業として採択されることで組織使命を果たす機会を得るメリットがある。しかし、財政基盤が脆弱な場合、行政補助に依存すれば行政優位の状況から脱却できないデメリットもある。このことは公的施設の使用許可を得る場合も同様のことが言えるだろう。

このことから、対等な「協働」とはいえ、NPOは「行政の下請け」と揶揄されることもしばしばである。

これではNPOが行政側と協議して独自性や創造性ある事業を展開し、能動的に市民的公共性を発揮できる環境にあるとは言いがたい。多元社会において、「新しい公共」活動を重畳的に発展させることは重要な政策テーマだ。そこで、これを考察するため最近アメリカで注目されているNPS（New Public Service）理論を見てみよう。

NPS理論を発展させたのはアメリカの公共政策学者であるR・B・デンハートとJ・V・デンハートであると言われている。Denhardt and Denhardt（2011）は、①NPSはNPMの経済理論と異なり民主的理論であり、②公務員の対応対象がNPMでは顧客であるのに対し、NPSは市民であり、③NPMでは政府は市場開放を促進するかじ取り（steering）を行うとするのに対し、NPSでは市民やコミュニティとの間で利益について話し合い、共有価値をつくるサービス（serving）を行うとし、④NPMでは行政組織は一部行政機関が中央統制する分散化組織であるのに対し、NPSは内外的にリーダーシップを共有した協働組織を想定する、などとしている（二八～二九頁）。そしてNPSによるメリットとして、政策過程における市民参加の能力が一層強化すること（一〇二頁）、国民の政府への信託が増し、新たな協働に対する可能性がつくられることなど（九四～九六頁）をあげている。

つまり、NPMの立場は行政内部のエンパワメントにより行政改革を進め、拡大する公共分野と行政経費の抑制の一環でNPO活動を評価しようとするのに対し、NPSは民主主義理論に焦点をあて、これまでの行政機関の役割を見直して公権力の概念を再構築し、市民のエンパワメントによる市民参加・協働を強調しようとする。

このNPS理論を援用して日本の「新しい公共」を見るとどのように整理できるだろうか。

まず、「新しい公共」活動であるにはNPOの活動目標が公共政策の目標と同一線上にあることが肝要だ。加えて、NPOが自立するには市民社会から正当な評価を受け、会費、寄付など安定した自己財源の確保が重要だ。そして、NPOと行政とが協働する場合、それに内包する「対等」関係は、実質的な対等でなければならない。それにはNPOが十分な行政情報を持って活動手法や経費算定など事業内容を行政当局と協議し、駆け引きできる環境にあることが求められるだろう。NPOが「行政の下請け」と揶揄されている状況では対等でない。

これらを現実のものとするにはNPOと行政が対等の立場で協議できるシステムが必要である。それには、NPOが権限をもって予算や事業計画などに関与できるシステムが有効かもしれない。こうした権限の再編により、市民社会から支持されたNPOは自律して公共政策を提示することができよう。さらに、自らの活動を公共政策体系全体から政策評価し、PDCA（Plan → Do → Check → Action）サイクルで改善すれば、さらに質の高い「新しい公共」活動が見込まれる。そうしたNPOは一層市民社会から高い支持を得ることができ、財政基盤も安定するだろう。副次的にはNPOによる行政チェックの機能を果たすこともできる。

こうしたNPOが公共政策に関与するシステムについては既に研究者間で議論されているものの（注）、それを実現させる政治の世界では未だ議論すらされていない。

もっとも、政策に対する意見表明としてはパブリックコメント制度がある。しかし、これは行政側の回答が公表されるにとどまる。また、政策提言の機会もあるが、これも双方向の関係にはない。さらに、政府や自治体の審議会で委員として発言する場合があるが、これはNPO活動の一環として制度化したものではない。

つまり、現行システムは対等の立場での活動システムとして整備されていない。では、このようななかで実質的に対等な協働は可能なのだろうか。

第二ステージの新しい公共　今、全国各地では福島第一原発の事故を契機としてNPOなどによる太陽光発電、風力発電、小水力発電など自然エネルギーへの取り組みが活発である。そのなかから太陽光発電に取り組む滋賀県湖南市（人口約五万五〇〇〇人）の事例を見てみよう。

湖南市は二〇〇四年に旧石部町と旧甲西町が合併した市である。旧石部町では既に合併前から住民出資の事業型共同太陽光発電所があった。この実績をもとに二〇KW出力（一号機）の事業型共同太陽光発電所を稼動させるため、二〇一二年六月一日に関係者により一般社団法人「コナン市民共同発電プロジェクト」が設立された。そして信託会社を通じて、一口一〇万円で市民に出資を募集し、設置費八〇〇万円を調達した。二〇一三年一月二一日発電し、今後、出資者へは売電益から年率二％相当を市内限定の地域商品券で二〇年間配当する予定である。一〇〇KW出力の二号機については、企業も参加して同じように取り組み、二〇一三年九月二六日に完成した。これらのプロジェクトは、市民が編み出した財源対策、環境対策、そして商業振興策を組み合わせた公共政策である。

一方、こうした市民の主体的取り組みに対して行政は、二〇一二年九月に「湖南市地域自然エネルギー基本条例」を制定し、前文の中で「湖南市では、全国に先駆けて市民共同発電所が稼動するなど、市民が地域に存在する自然エネルギーを共同で利用する先進的な取り組みが展開されてきました」とうたい、市民活動を条例によって評価した。行政は資金調達活動を正当化し、補助金などは支給せずに側面から事業を支援したことになる。

この事例は、市民グループが行政を政策でリードし、行政側は専権である条例制定によって支援したケースである。まさしく双方対等の立場で公共政策を進めており、NPS理論から評価のできるモデルであろう。少例ではあるがこうした協働事例が出現してきたことを見ると、市民社会では政治家の見識を超え、既に「新しい公共」の第二ステージが始まっていると言えるかもしれない。

（注）例えば、三好（二〇一一）、高橋（二〇〇八）など日本評価学会での議論。

《参考文献》

石割信雄（二〇一三）「『新しい公共』とThe New Public Service（NPS）」『創造都市研究』九巻一号、稲生信男（二〇一〇）『協働の行政学』勁草書房、篠原一（二〇〇四）『市民の政治学』岩波新書、高橋敏彦（二〇〇八）「協働事業の評価（岩手県における市民参加型政策評価より）」『日本評価研究』八巻三号、三好皓一（二〇一一）「協働評価におけるNPOの役割―政策体系と公共の視座から―」『日本評価研究』一一巻一号、新川達郎編（二〇一一）『公的ガバナンスの動態的研究』ミネルヴァ書房、村松岐夫（二〇一一）「政府システムの変革期と行政学」『年報行政研究』四六号、Denhardt,J.V. and Denhardt,R.B.（2011）"The New Public Service : Serving, Not Steering（Third Edition）（新しい公共サービス―かじ取りではなくサービス　第三版）", M.E.Sharpe,USA.

真理

主観と客観との狭間に　—歴史学の求めるもの—

鈴木　利章

自然科学の客観性　新制大学が発足した昭和二四年、その目玉として一般教養科目が設けられ、その科目は、人文科学、社会科学、自然科学の三系列に分けられた。わが歴史学は、人文科学と社会科学の二足の草鞋をはいたが、これらの三系列が、教養のすべてであり、土台であった。それが、半世紀後、これら教養科目は、専門分野からの圧迫の下に、古くさく、はやらなくなっていくが、学問全体を考察する上では、まだまだ有用であり、この三系列を基礎として話をすすめる。

この三系列の分類は、まずタレスの自然学に始まり、古典ギリシア時代にソフィスト達の人文学が加わり、この二系列が、ローマ時代を経て、西欧中世の大学に受け継がれ、一三世紀に、ロジャー・ベーコンによるscientia experimentalis（実験的科学）を通して、近代の自然科学への道が開かれる。一七世紀のフランシス・ベーコンは『ノーヴム・オルガヌム』（一六二〇）を著わし、知識確立の方法として帰納法を提示し、近代自然科学の確立に貢献し、人文科学と自然科学の系列が明確になる。この内の自然科学は、一六八七年I・ニュートンの『自然哲学の数学的諸原理』の「万有引力の法則」の発見により、その頂点に達し、中立で、価値判断より自由であり、しかも客観的と定まる。この法則の魅力は、十分に人をひきつける力に満ちており、とくに社会を理解しようとした研究者にとっては、この自然科学の実にみごとな成功から、自分たちも社会を理解するために科学的方法を応用しようとするかれらの努力は十分に理解できる（G.S.Wood, The Purpose of the Past, 2008, p.137）。

社会科学の成立　これらの動きに平行して、一七世紀に統計学が発達してくる。一六六三年一〇万都市ロンドンのジョン・グラント『死亡表に関する自然的ならびに政治的諸観察』（久留間鮫造訳、大原社会問題研究所編集、統計学古典選集、一九六八）が、その代表的な成果である。一六二八年から六二年にいたる洗礼数から、男一三万九七八二人、女一三万〇八六六人とし、男女出生率は男子一四人に対し女子一三人とした結論は注目される。W・ペティ『政治算術』（一六九〇）、同『アイルランドの政治解剖』（一六九一）を経て、一七四一年ドイツ人ジュースミルヒ『神の秩序』（高野岩三郎・森戸辰男訳、栗田出版会、一九六九）につらなる。同書は「ロンドンの多くの年次においては、女児一〇〇〇人に対して男児は最高の場合一〇六〇人、最低の場合一〇四〇人」（一一八頁）とし、「出生時における一定率の男児超過に現れた秩序は、神の存在のみならず神による世界の統括も知らしめる」（一五一頁）と結論づけ、これにもとづき一夫多妻制を批判しているのは面白い。母集団を大きく取れば、「神の秩序」が明らかになるという新しい真実が、社会科学の成立をうながす。「神の見えざる手」を強調する、A・スミスの『諸国民の富』（一七七六）はさだめし、その集大成であり、社会科学確立に大きく貢献したといえよう。法則定立の自然科学の方法論を、人文科学（人間を対象とする学問）に応用すべく、人間集団＝社会を対象とした分野を見事に切りはなし、社会科学を誕生させる。一九世紀における、A・コントの実証主義にもとづく社会学の成立は、そのひとつの象徴である。「人間精神発展の現象全体を合理的方法なり経験的方法なりによって研究するならば不整な外観の奥に人間精神の進展が必然に不変に従う根本法則を発見することが出来る。此の法則は凡ゆる方面から見て人間の知的体系は判然区別せられる三つの性格即ち神学的性格、形而上学的性格、実証的性格を逐次帯びるべきであるという事に存する」（A・コント、土屋文吾訳『社会の再組織について』創元社、一九四九、一三五頁）。

量子力学と不確定性　新制大学の教養部の学問の系列は、法則定立を絶対条件とした自然科学、人事を対象にしながらも、大量の個数＝社会を対象にし、価値判断より自由な結論をめざす社会科学、それに古典ギリシア以来綿々とつづいてきた人文科学がそれである。それ以降二〇世紀後半より二一世紀にかけて、この三系列の境界線上（学際と称す）の分野が異常に膨張し、興味深い業績も世に問われてきたと同時に、自然科学の分野においても、法則定立にそぐわない分野が注目されるようになる。しかも物質を構成する最小単位の分野において。一九〇〇年ドイツ・キール生まれのM・プランクの量子仮説の最初の論文が発表されて以来、つまり「ある基本的な量を単位にしてその整数倍となる不連続な値（これが『量子』）しかとれない」（小山慶太『ケンブリッジの天才科学者たち』新潮選書、一九九五、二二六頁）との仮説が、一九一三年N・ボーアにより「核をまわる電子の運動」に応用され「電子の位置は、確率的にしか決まらない」という量子論が生まれる（小山前掲書、一三〇頁）。一九二七年秋でのソルヴェイ会議において、量子力学のボーアとアインシュタインとは、熾烈な論争を行い、「アインシュタインは、ボーア・ハイゼンベルクの確定的因果性の断念に断固反対だった。例のあまりにも有名になったアインシュタインの言葉『神はサイコロを振らない』という表現は、この時の論戦のなかで繰り返しアインシュタインの口から洩れた」（村上陽一郎『ハイゼンベルク』岩波書店、一九八四、一九四頁）。念のためM・プランクの講演『物理学と世界観』（新井慶訳、育生社、一九四七、一三頁）によれば、「実に量子力学は古典力学の如く一定時における個々の電子の位置を示すのではなく、一個の電子が一定時に於いて任意にとるところの位置に対する確からしさ、即ち確率を示すにすぎない」とのことである。自然科学の基礎が、確率的であるとすれば、社会科学の世界ははるかに確率的、人文科学の世界はいわずもがなといえよう。科学的推理を総括的に論じたジェニファー・トラスティッドは『科学の方法と論理』（所澤保孝・中澤義和・牧野康義・和田武訳、昭和堂、一九八四）において「すべての経験的一般化や法則や科学理論、すなわち、帰納法によって支えられているすべての命題は、疑う余地のない確かなものとはみなされ得ないことを認めなくてはならない」（一七三頁）と一致する。二〇一二年、大いに話題になった万物の質量の起源となる「ヒッグス粒子」探しが大詰めを迎えた時、この粒子の存在を確認する確率は、素粒子物理の基準で九九・九九九九%といわれている（『朝日新聞』、二〇一二年七月三日）。一〇万分の一の確率である。

また、われわれの生命を大きく左右する医薬品についても、最終的には確率の問題となる。考えてみれば当然のことであるが、市販のカゼ薬、解熱鎮痛薬が原因となる副作用、中毒性表皮壊死融解症やスティーブンス・ジョンソン症候群の発生確率は、前者で人口一〇〇万人あたり、年間で〇・四人から一・二人。後者では、同じく人口一〇〇万人あたり年間一～六人と報告されている（『警告！身近な薬の副作用』武政文彦・望月眞弓監修、小学館、二〇一三）。人命にかかわる治療の問題にしても、物質の最小単位素粒子の世界でも、確率の世界とはおどろきでしかない。以上の事実の下に、歴史学はどのように考えればよいのであろうか。

歴史学と客観性　歴史を研究する手続きは、きわめて簡単である。まずは、研究対象にした事柄に関する材料を集める。研究文献、論文は容易に集められるが、その事柄に関する原史料も集めなければならぬ。近頃では『史料集』も発刊されている場合も多いが、新しい知見を持つためには、未知の原史料探しも重要である。やっかいなのは、この未知の史料があるかないかわからないことである。よい未知の史料にあたれば、不朽の名作が生み出される。近代歴史学の父L・v・ランケ（一七九五～一八八六）が使用した未知の史料『ヴェネティア大使報告書』が、その代表的な例である。しかし少しこまったことには、歴史学には偽文書が多いことである。研ぎ澄まされた知性と豊かな知識と技術がなければ、とんでもない失敗を犯すこともあるので注意しなければならない。英国オックスフォード大学の近代史の欽定講座の教授といえば、英国史学界の最高の地位だが、その教授職にあったH・トレヴァ・ローパー教授でも、六〇巻にもおよぶヒトラーの偽日記を本物と保証する大失敗を犯すのだから、なおさらおそろしい（R・ハリス著、芳仲和夫訳『ヒットラー売ります』朝日新聞社、一九八八）。

歴史学と発明　では、正しい史料を基礎に描き出された歴史像は、かつてのニュートンの法則のように確固としたものであろうか。勿論否である。そもそも、とくに人文科学においてそれを望むのは無理といえよう。筆者の手元に、N.Canter, Inventing the Middle Ages, 1991 や B.Lewis, History:remembered, recovered, invented, 1975 がある。この表題からも、歴史は発見されるものではなく発明されるものである。いかに完璧な原史料を根拠にしても、創り出されるものなのである。つまり、歴史像は、主観と客観の狭間に揺れており、入手した確実な史料分だけ、客観の方に振れていると解釈できよう。歴史小説などで、会話が再現されているが、これは主観の方に振れすぎており、プロの歴史家は、この方法はとれない。とはいえ、この両者の境界線はひきにくい。大岡昇平『文学における虚と実』（講談社、一九七六）に掲載されている「『堺事件』の構図―森鴎外における切盛と捏造」など、その感を深くする。森鴎外による、美談づくりの意図をもっての、二〇ヶ所もの「ねつ造」を指摘した筆法は鋭く、かつクリアであり、境界はあいまいになる。

ランケによる、客観的な歴史学への定言、ならびにベルンハイムによるその歴史学研究法の提示（坂口昂・小野鉄二訳『歴史とは何ぞや』岩波文庫、一九三五、原著一九〇五）により確立したかに見えた客観的歴史学に対し、早くも、二〇世紀に入り、その理論上の批判が出現する。B・クローチェ著、羽仁五郎訳『歴史の理論と歴史』（岩波文庫、一九五二、原著一九二〇）を手始めに、英国のR・コリンウッドを経て、一九三一年C・ベッカーによる米国歴史学協会の会長講演Everyman his own Historian、三四年、三五年Ch・A・ビァードの同じく会長講演Written History as an Act of FaithとThat noble Dreamを通して深まってゆく。師F・A・ターナーの考え方を受け継ぎ「まことと現実の過去は、すぎさってしまったのであり、歴史の世界は、手で触れえない世界であり、イマジネーションを通して再び創造され、われわれの心に存在する」（C.Becker, What are Historical Facts? in The Philosophy of History in our Time, ed. Hans Meyerhoff, 1959, p.128）と、実に明確に、歴史学が、主観と客観の狭間にふらついている状態を示している。さらに第二次世界大戦期から冷戦期にかけて、歴史学は、冷戦という現実からの影響をうけ、再び客観的なものにひきずられ、客観性への傾斜を大きくしてゆく。しかし、一九八八年シカゴ大学の歴史学教授Peter Novickの大著That Noble Dream:The "Objective Question" and the American Historical Professionが出版され、六〇年代以降、歴史学の客観性への信頼が、再び大きくゆらいでいることが明らかになった。前述のC・ベッカー、Ch・A・ビアードが強力に押し進めた客観性への疑問が、その第一弾とすれば、このP・

ノーヴィクの疑問は、第二弾と位置づけられ、筆者には決定打とも思われるものであるようだ。

結論　最高度に精密な最先端の自然科学の分野でも確率の世界が常識であり、また人命をあずかる医学の最先端のガン治療においても、何年後の生存率は何パーセントという確率の世界であってみれば、歴史学におけるある時代の解釈など、文字通り、歴史学者の解釈以上の何ものでもない。少なくとも先人の業績を踏まえ、利用できる史料を最大限合理的に批判分析し、それにもとづいて、合理的批判的に時代像を創造してゆく以外に道はない。幸い、歴史学が基礎にする、いわゆる事実が時々より精度が高くなることもある。最近筆者の手にした事例を挙げれば、「駐車場から国王の骨」が出土し、その国王の姉の直系の子孫二人のＤＮＡを鑑定した結果、英国王リチャード三世のものと断定された。そしてその三〇代の男性の背骨が、シェイクスピアがその作品で描いたように、湾曲していたことが確認されたことだ（International Herald Tribune, 2013.2.5）。

事実は、時とともに詳細になり、詳しくはなるが、これらを繋ぎ、ひとつの物語を描きあげた結果は、仮説でしかない。医学の場合、自己の生命そのものに関係しているが故に、その覚悟に基づき、正しいと信ずる選択をしなければならず、その結果が死にいたっても、残念ながら自己責任として、あきらめねばならぬ。

では社会科学、人文科学の場合はどうであろうか。抽象的には、より良い社会、より豊かな人生が送れるかどうかが基準になるのではないか。幸いにして、今の日本は民主主義の社会である。米国からおしつけられたとかの批判もあるが、良いものであればそれでよい。主権在民になってから、ほぼ八〇年、もう十分に定着してもよいのではと思う。押し付けられても、自己で獲得しても、民主主義は、その国の構成員が全責任をもつ国制である。その国制の下に生きるからには、政治の良し悪しは、全市民有権者の良識ある判断にかかっている。非常に大きな責任のあることを自覚すべきであり、歴史学の学徒は、その良識ある判断を手助けすることを、最高の目的としていることを肝に銘ずべきである。悪しき政治は人災である。この人災を最小限に食い止めることに役立てば、是とすべし。価値判断より自由にもなれず、また客観的にもなれない歴史学のよって立つ立場は、このあたりであろうか。

感動

演劇学

平川　大作

野球の魅力はどこにある？

あなたは野球の熱烈な愛好者だ。そんなあなたが、もし野球という競技を全く知らないひとに出会って、その魅力を伝えることになったらどうするだろうか。まずは言葉で説明することにしよう。「バットという棒を構えた人がいて、その人に向かってボールを投げる人がいる」「それは危険だな。頭にあたったらどうする？」「そういうこともないわけじゃない。それは死球といって、一塁ベースに進むことができる」「どこから？」「ホームから」「一塁ベースの先は？」「二塁、三塁とあってホーム、そこに戻ったら一点だ」「点を取るにはボールに当たらないといけないなんて、ずいぶん痛い遊びだな。何が面白い？」「いや、できたらバットでボールを叩くんだ」「どこに向かって？」「できれば空に、場合によっては地面に」「やりたい放題だな」

うまく伝えるのは相当に難しそうだ。もう少し言葉を厳密にして伝えるならば、ルールから説明する方法もある。「野球は九人のチーム二組が交互に攻守を受け持ち、九イニングを戦う競技である。一イニングは三アウトで終了する。三ストライクで一アウトになるが、ほかには打球がノーバウンドで守備に捕球されたときや……」。論理的に物事を把握したい人が注意深く耳を傾ければ、野球という競技の方法は把握できるかもしれないが、魅力が伝わるかどうかは疑問だ。ましてや、自分もやってみたいとはなかなか思ってくれないだろう。

ほかにいくつか手がないわけではない。こんな素晴らしい名選手がいた、と特定の個人のもつ魅力を語る方が有効かもしれない。思い出に残る名試合を説明するのもいいだろう。そんな切り口なら、きっと語り手が実感している野球の魅力が伝わりやすいと思われる。

言葉以外ならどうするか。たとえば、その日の夜にテレビで中継している野球の試合を紹介する手がある。野球選手はどんなユニフォームを着ているのか。実際の投球はどんなフォームで、どれくらいのスピードが出るのか。まさに百聞は一見にしかず。その試合が好内容であれば、はじめて野球に触れるひとでも魅力の一端は理解できるかもしれない。

しかし本当に一番いい方法は、相手を野球場に連れていき、実際に試合を見せることだ。球場がどれだけの広い空間なのか。そこにはどんな空気や気配があるのか。集まった観客がどんな風に応援しているのか。実物と対面するということは、映像を通して感じる臨場感とは全く異なっている。そこに自分がいることで、はじめて身体の全感覚で「それ」を受け止めることができる。選手たちの放つ声や音、世間ではオーラといわれることのある独特の存在感、青々とした芝生、運が良ければ青い空、そうでなければナイター照明のまぶしさ。おそらく野球の本当の魅力を支えているのはそうしたものだ。本当の野球は野球場にある。もしかしたらあなたの相手はこう言うかもしれない。「あんな場所でのびのびと動いたり、走ったり、気持ちいいだろうなあ。ちょっと自分でもやってみたいかも」

野球と演劇

この文章で語るべき主題は演劇であるのに、ここまであえて野球のことを記したのには理由がある。そもそも野球と演劇は似ている。「野球」という文字を「演劇」に置き換えて、もう一度冒頭から読み直してほしい。野球選手は俳優で、ボールはせりふ。本当の演劇は劇場という特別な場所にある。そこに自分から身を投じなくては、「演劇とは何か」という問いかけはほとんど意味をなさない。だから、演劇について学ぼう、考えようというなら、とにかく劇場に行くことが最初の一歩だと考えてほしい。

もちろん野球と演劇では相違点もある。よく野球のことを「筋書きのないドラマ」と呼ぶことがあり、確かにまだ試合中の場合は、次の瞬間に何が起こるのかは観客だけでなく選手自身にもわからないが、演劇には大抵あらかじめ台本というものが用意されていて、次に何が起こるかはあらかじめ決められている。念のため「大抵」と付け足したのは、演劇の歴史には少数ながら台本を使わず、俳優ですら「次に何が起こるかわからない」タイプの上演を確認できるからだ。例外は常に存在する。

とはいえ野球の魅力が「筋書きのない状態」だけにあるのではない。勝敗が決まり、結末が分かっている野球の試合。結果は三対一。もう定まった筋書き。しかし野球の愛好者は終わった試合を振り返り、あのときあの選手が三振していなければ、きっと試合の流れも結果も変わったに違いないと想像し、あのときあのフライをしっかり捕球していたから勝てたんだと議論し、悔しがったり、納得したりするだろう。試合の結果を知るためだけにスポーツ新聞を買う人はいない。野球ファンが求めているのは、試合の経過を反芻し、再確認し、活字を通してその意義を共有することなのだから。

結果は確かに重要だ。最後にハムレットは死ぬ。世界中いつどこでシェイクスピアの『ハムレット』を観にいっても、最後にハムレットは（大抵）この世を去る。結末は分かっているのに、何度も繰り返しハムレットが演じられ、それを観にいく観客が絶えないのは、演劇が「人間の行動」をふりかえって検証しながら、まるごと再現する表現だからだ。検証の中身は演出と演技によって決まり、その検証が、「なぜデンマーク王の息子ハムレットは死ななくてはいけなかったのか」を解き明かす。観客は、あのときハムレットが理屈をこねずに叔父のクローディアスを手際よく殺して復讐していれば、あのときレアティーズがデンマークを離れていなければ、などと想像し、議論し、悔しがったり、納得したりする。たとえて言うなら、戯曲『ハムレット』は何度観ても飽きない最高に面白い名試合なのだ。

ハムレットと私たち　それにしたってデンマークは日本からは遠い国だし、ハムレットが生きたとされる時代は大昔。いくら名試合だといっても今の自分たちには無関係なんだから、知らない国の知らない男の知らない人生にはこれっぽっちも興味が湧かないという意見には一理ないこともない。「どうせ自分の毎日の生活にはカンケーないし」と言われれば確かにそうだ。今日舞台に立ったハムレットが素晴らしい出来栄えだったとしても、それで世界が変わり、誰かが救われるわけじゃない。それなのになぜ『ハムレット』は、あるいはあらゆる芝居は今日も演じ続けられるのだろうか。

それは私たちの目の前、舞台に立っているのが決してハムレットではないからだ。正確に言うならば、決してハムレット自身ではないことに演劇としての意義がある。当たり前のことながら、それはあくまでハムレットのふりをして、王子になりきっている俳優にすぎない。その事実を観客は十分理解している、というより、実際はその俳優を観るために劇場にやってきたというほうが正しい。しかし、ただの俳優では足りない。ひとつの身体のなかに、俳優とハムレットを同時に見せるのが演劇で、それを二重のままに観るのが観客なのだ。

演劇とはそうした複雑な作業をいとも簡単に実現してしまう魔法のような回路である。だから、目の前のハムレット＝俳優は常に、現在という時が刻一刻と流れていく今このときを、観客と完全に共有している。劇中の登場人物のひとりが祖国を支配する不穏さをさして、「デンマークでは何かが腐っている」というせりふを言い放つとき、観客は自分たちが今そのときに属している国や共同体を連想せずにいられないはずだ。そのとき舞台上のハムレットは遠い国、遠い昔の誰かではなく、私たちに近しい誰かと置き換えがきく存在になるだろう。ハムレットを演じている俳優とそれを見つめる観客が、今このときを共に生きているからこそ、その置き換えが可能になる。

劇場というユートピア　だから本当の演劇は劇場にしかないのだ。舞台と客席のあいだに、俳優と観客が共に協力して作り上げるものが演劇という固有の現象で、それは今このときに私たちが生きて存在していることそれ自体を祝い、喜び、実感するお祭りのような磁力を空間にみなぎらせる。それは単に人間が身体を使い、さまざまな物を使い、神経と感覚器を総動員させた結果の物理的な現象ではない。うまくいった場合、人間の集中力と精神の高まりによりはじめて実現する集団的な魔術の力で、この世界にユートピアが召喚されたかのような状態にわたしたちを誘うだろう。まるで宗教のようだ、とあなたは身構えるかもしれない。もし自らが生きてあることを褒めたたえ、その価値を再認識する行為や、人の世の理知を超える何かに思いをはせることを宗教的だとするならば、演劇は確かに宗教的な要素を持っている。劇場の中に生じた共同体が放つ強烈な磁力を測定する技術はいまだ発見されていない。将来、そんな測定器が発明されることもないだろう。

たとえば、ある劇団の『ハムレット』が同じ劇場で二週間続けて上演されるとしよう。確かに、毎回俳優が語るせりふの内容は同じであるし、衣裳も音楽も演出も（基本的には）同一のはずだ。しかし、日によって観客が違う以上、昨日の舞台と今日の舞台は決して全く同じではない。単に、せりふを言う間《ま》が微妙に違ったとか、ある所作を少しだけ間違えたとか、そうしたレベルよりも本質的な意味において今日の舞台は今日だけのものであって、決して明日同じこと、同じ公演を繰り返すことはできない。これを演劇の一回性という。そのかけがえのなさに全てをかける覚悟をもちながら同時に、何もかもが一回きりであっけなく過ぎ去っていくその儚さを耐えること。そのようにしてしか掴めない何かがあると信じること。それが演劇を実践する人々の倫理だ。

ほんの束の間のユートピア、華やかで活き活きとしたお祭りも、必ずいつかは終わってしまう。終わってしまえば、その空間は閑散として、ひときわ寂しく感じられるものだ。今を全力で寿ぐ演劇は、次の瞬間に霧散し、跡形もなく、ただ過去のものとなってしまうことを必定としている。その儚さを研究対象として、果たして知的な考察はどこまで可能なものなのか。演劇学の範疇はその困難の上に立っている。

演劇学とは　そもそも演劇の学問的探究は、戯曲研究からはじまったとされる。詩と小説を中核に据える文学研究の周縁的領域として立ち上がったそれは、テキスト解釈と作家研究を主要な手法とした。確かに戯曲、台本の類は上演が終わっても消失することがないゆえに研究の対象としては確実性が保証される。このとき、演劇の歴史はすなわち戯曲が書かれた歴史として理解された。

しかし、それだけが演劇の歴史だろうか。『ハムレット』の価値は、それがシェイクスピアという劇作家によって書かれて、上演されたそのときだけ一回に限定されはしない。むしろ、同じ戯曲がその後イギリスで演じ続けられるなかで、舞台作品としてどのように変化したのか、その過程こそ『ハムレット』の本当の歴史ではないか。そのような視点で演劇という表現の歴史をたどる視点を上演史研究と呼ぶ。

たとえば『ハムレット』という物語は、真夜中に主人公の父が幽霊として登場するところからはじまる。現代の上演ならば、暗闇のなかに立つ父の幽霊は青白い照明のなかに姿をあらわして、その超自然的な存在感を強調するだろう。ところが、シェイクスピアが生きていた時代には今で言うところの照明設備は皆無だったのだから、太陽の光をとりこむために劇場に屋根はなく、当然のことながら幽霊が姿をあらわす真夜中は日光が燦々とふりそそぐ昼間の空間だったのだ。

それでも当時の観客はそうした表現を馬鹿馬鹿しいとは考えていなかった。なぜならば、舞台上の人物がせりふの中で真夜中の暗闇の深さを語り、「そこにいるのは誰だ」と目の前の幽霊にむかって、あたかもそれが目に入っていないかのように問いかける以上、物語の中でそこに広がっているのは漆黒の暗闇に間違いないからだ。そう了解することができない観客は、最後まで『ハムレット』という物語を味わうことができないだろう。

観客はそのように、舞台の提示する情報に基づいて約束事を了承する。約束事が慣習となれば、それはやがて様式と呼ばれるような芸術表現上の決まりごとになる。その決まりごとのなかには、それを生んだ時代を発見することができるだろう。上演史の研究はそのように、演劇のみならずそれを生み出した当時の文化や社会の理解を射程としているわけだ。

やがて演劇という表現の本質に関する思惟が深まるにつれ、捕捉しがたい儚き対象を解明するために、近接学問領域の知見を武器とする種々のアプローチが採用されるようになった。心理学、社会学、文化人類学、経済学、あたらしい歴史学、建築学……これらのリストは今後も増えていくに違いない。そのような研究の材料となるのは戯曲テキストだけではない。俳優、演技、演出、劇場、舞台機構などについて、考古学的な手続きで検証された事柄から、法規制の文書のような一見演劇とは無関係にみえる資料までが総動員されねばならない。最新の脳科学やロボット技術を応用した研究も存在する。確かに演劇の歴史についてまとめられた教科書は存在するが、演劇学の最前線では多様な観点から歴史的事実が絶えず書き直されている。そして、理想的にはそのようにして生まれた新しい演劇史の認識が、現代の舞台上演を育んでいくはずなのだ。

演劇の魅力はどこにある？　野球の醍醐味は試合にあり、日々の練習はあくまで試合という本番で勝つための準備でしかないとしたら、演劇にも同じことが言えるだろうか。日本の能、狂言、歌舞伎などの伝統的な演劇では、不断の鍛錬を別として、次に上演しようとする作品のための稽古時間は極めて短い。場合によっては、上演に要する基本的な決め事を役者が口頭で確認するだけで、すぐにも上演できてしまう。表現を支える約束事をそのまま保持することに伝統演劇の価値があり、それに則る限り、わざわざ個別の作品の理解を一から始める必要はない。野球に例えれば、いつでも試合が可能な状態にあると言えるだろう。

一方、伝統的ではない演劇、すなわち現代の、同時代的な演劇は必ず一定の稽古量を必要とする。作品の上演時間の長短にかかわらず、プロであれば概ね一か月強の期間だ。稽古場の時間はそのまま創造の時間となる。せりふの細部、ちょっとした所作の工夫、衣裳の検討、小道具の調整、戯曲の読みの絶えざる更新。これもまた実体験をしてみればすぐに分かることだが、稽古の時間には上演そのものとは別種の、もしかしたらそれ以上の興奮と魅力がある。

観客の目に触れるとき、演劇作品はあたかも最初からそのような完成品を目指していたかのように見えるが、実はそうではない。出演者の実力や個性、劇場の設備やスペック、大道具や小道具にかけられる予算額などなど、もろもろの条件を最大限有効に活用する戦略の上に、今このときにしか上演できない何かが生まれるのだ。上演当日にはあえて姿を見せない何人ものスタッフが稽古場では、出演者とともに創造的な表現活動を担っている。

まずは劇場の観客席へ、そしてできれば稽古場へ。先入観を捨てて演劇と向き合ったとき、あなたはきっと気が付くに違いない。なぜ演劇の力が、古来から脈々と人類を魅了してきたのか。

《参考文献》
山崎正和（一九八八）『演技する精神』中公文庫、W・シェイクスピア（一九九六）『ハムレット』松岡和子訳、筑摩書房、佐和田敬司（二〇〇七）『演劇学のキーワーズ』ぺりかん社、テリー・ホジソン（一九九六）『西洋演劇用語辞典』研究社出版、伊藤弘成（一九九四）『ザ・スタッフ　舞台監督の仕事』晩成書房

『独蟲の歌』（2013）

『サンタ・ウォーズ』（2010）

『なでしこ食堂』（2011）
３枚とも、大手前大学卒業公演より

感動

機械は感動できるか？

石毛　弓

わかった！　「エウレーカ！　エウレーカ！」そう叫びながら、素っ裸で通りを走っていった男がいた。紀元前三世紀、シチリア島シラクサのまちでの出来事である。

これはアルキメデスの伝説のワンシーンだ。あるときアルキメデスは、王から「この王冠が純金でつくられているかどうかを、壊すことなく調べよ」と命じられた。彼はこの難題に悩みに悩んだ。しかしある日浴場で、沈んだ自分の体の分だけ湯船から水があふれ出たのをみたとき、彼は「エウレーカ（わかった）！」と歓声をあげて浴槽から飛び出した。アルキメデスの原理の発見である。このときさっと彼は、新しい発見への驚きや喜び、難問が解決した興奮にわれを忘れたのだろう。そして感動のあまりこの言葉を口にしたのだろう。

わたしたちは、なにかすばらしいものをまえにしたとき――それが智恵であれ、自然であれ、芸術作品であれなんであれ――感動することがある。しかし、そもそも「感動する」とはどういうことなのだろう。語源をみると、『日本語源広辞典　増補版』では「中国語で、『感（心に感ずる）＋動（動く）』が語源です。深く感じて心が動く、また、人の心を動かす、の意です」と解説している。「感じ」て「動く」のは「心」なのだ。心がなければ感動はない。つまり考えるべきは心というわけだ。ここでまた、わたしたちは新しい問題に出くわすことになる。それでは、この感じて動くとされる「心」とはなんなのだろう。

「心とはなにか」と問われても、漠然としすぎていて、なにをどう答えればいいのかと途方に暮れるかもしれない。さて、なにかを分析するときに、対照的だったり、極端にちがうものを対比させることで、問題点が明確になることがある。そこで仮に、人間は心をもつと定義してみよう。人間とまったくちがうものといえば「人間以外」だ。そこでこんなふうに問題を立ててみよう。人間は心をもつ、では人間でないものは心をもつことができるのだろうか。たとえば動物はどうだろう。さらに、生き物でさえない機械は心をもつことができるのだろうか？

心をめぐる問題は、古くからある哲学のテーマのひとつだ。そこでこれから、哲学という分野では心というものがどんなふうに考えられてきたのかを、動物や機械との対比からみてゆこう。そして最後に、機械は心をもつことができるか、機械は感動することができるかという問題を、あなたはどう考えるのかを訊ねることにしよう。

ヒトと心の関係　心とはなにかと問うことは、人間とはなにかと問うことに似ている。なぜなら、多くの場合心は人間だけにあるものだと考えられているからだ。いま、あなたはこの本を手にしている。本に心はない。あなたが着ている服にも、水を飲むコップにも、道端に転がっている石にもない。「いや、石ころひとつにも心はある」と主張する人がいるかもしれないが、少なくとも道端のすべての石に、人間へとおなじように話しかけたり、答えを求めたり、気を配ることは、普通しないだろう。

西洋哲学は、その名のとおり主として欧米で発展してきた学問だ。この思想では、人間は他の生き物と比べて特

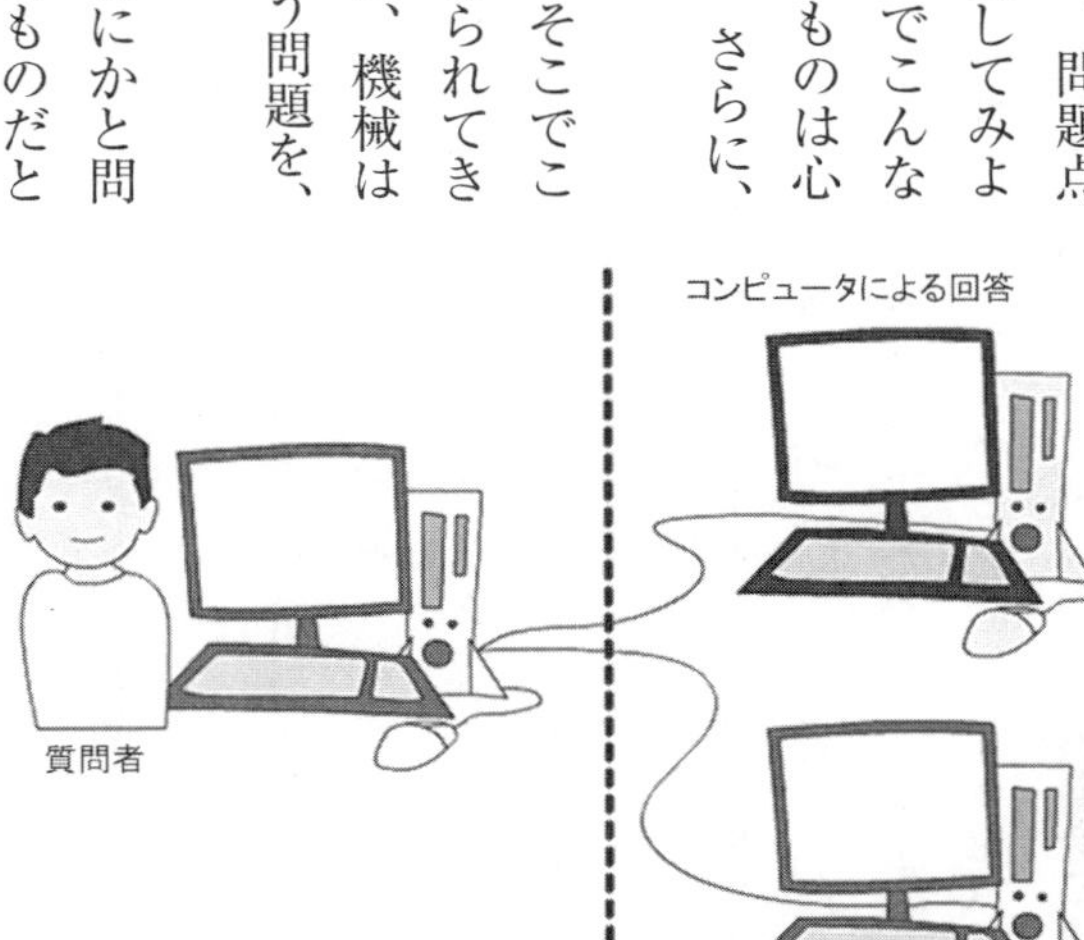

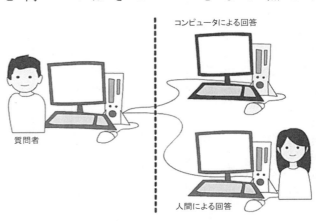

図　チューリング・テストの例

別であるとされ、また肉体的なものよりも精神的なものが上位にあるとされてきた。これは哲学の発祥である古代ギリシャ時代から続く伝統で、近代でも同様だ。たとえば近代哲学の父といわれる一七世紀の哲学者デカルトは、物だけでなく動物にも心はないといった。デカルトは、機械が各部品から成り立つように、動物は器官の組み合わせによって動く一種の自動機械とみなすことができると考えた。だから、もし動物とまったくおなじ器官をつくりだして、それらを組み合わせた機械があるとすれば、その機械と動物とを区別することはできないという。

では、人間の場合はどうか。デカルトは、人間とまったくおなじ器官をつくりだして組み合わせた機械があったとしても、その機械と人間とを区別できるとする。なぜなら、人間は状況を理解したうえで会話をし、理性的に行動することができるが、これは機械にも動物にも不可能だと考えるからだ。

動物は、訓練されればパターンに反応することはできるだろうけれど、言葉の意味を理解して話し合ったり、理性をもって活動することはできない。犬に棒を投げて「取ってこい」と訓練することはできるが、犬とデカルトの思想について議論はできない。機械も同様で、あなたが「お腹が空いた」といって、機械が「ご飯をつくりますよ。なにが食べたいですか」と返してきたとする。しかしそれはそう答えるようにつくられているからであって、その機械がほんとうにあなたが食べたいものを知りたがって、自分の意思で質問をしたわけではないのである。

さらにデカルトは、こういった能力は精神がつかさどる部分であり肉体ではないとした。だから人間であっても、体だけをみればそれは器官の集まりにすぎない。肝心なのは精神なのだ。こうして彼は、人間は身体的には動物とおなじような機械的なものであり、精神こそが人間とそれ以外とを分けるのだとした。ただし、デカルトは動物が感情をもたないとはいっていない。彼がいう精神とは、対話したり理性的にふるまうことができる能力のことで、そういったものが動物や機械にはないとした。いいかえれば、そんな心は人間にだけ宿っているのである。

機械は心をもつことができるか

物は心をもたない。動物も心をもたない。心をもつのは人間だけである。これが西洋哲学では主流の考えだった。しかし二〇世紀のとくに後半に入ると、ちがったタイプの議論が出るようになる。そのなかのひとつに、機械についての考察がある。
デカルト的な意味での心、いってみれば知性のようなものを機械がもてるかどうかについては、アラン・チューリングの提唱したテストがよく知られている。チューリングはイギリスの数学者で、コンピュータと人工知能の基礎をなしたといわれる。彼は一九五〇年に、機械は知性をもつことができるかという問題をこんなふうに著わした。

〈チューリング・テスト〉

一　ある部屋に人間の判定者がいる
二　別の部屋に人間とコンピュータが待機している
三　判定者は、別室にいる人間やコンピュータと別々に会話をする
四　会話後にこの判定者は、どちらが人間でどちらがコンピュータなのかを判断する
五　判定者が、どちらが人間なのかわからなかったり、コンピュータを人間とまちがえたなら、そのコンピュータは知能をもっているといえるのではないか

人間の判定者は、なにを訊ねてもかまわない。好きなアイドルについてきいたり、即興で詩をつくらせたり、子どものころの思い出話をさせることもできる。そういった質問にたいして、コンピュータがどれほど人間らしく答えることができるかがこのテストの要になる。一般に「チューリング・テスト」とよばれる考えだ。ところで、チューリング自身は実際にこのテストを行ってはいない。このように仮想上で可能性を検討することを思考実験という。

このチューリング・テストでも、デカルトの場合とおなじように対話が重要視されている。人間の側が相手も人間であると感じるかどうか、つまり違和感なく対話が成立しているかどうかが、知性をそなえていることの判断基準になっているのだ。では、しぜんな会話ができれば、それだけで相手に知性があるということができるのだろうか？　この問いにたいして心の哲学者ジョン・サールは、そうではないと主張する。彼はチューリング・テストへ

の反論として、俗に「中国語の部屋」といわれる思考実験を唱えた。

〈中国語の部屋〉

一　わたしが、ひとりで部屋にいる
二　小さな穴から、まったく理解できない記号が書かれた紙が差し入れられる
三　手元には分厚いマニュアルがあり、「○○には、××と書いて返せ」などの指令が載っている
四　わたしは紙を受けとり、マニュアルを開き、記号を書き足し、穴から外に返す作業をくり返す
五　じつは紙に書かれている記号は、ある国の言語だった。その言語で質問がされ、わたしはマニュアルどおりに記号を書き写すことで、答えるかたちになっていた
六　紙に質問を書いている人間は、「この部屋にいる人間は、この言語を理解している」と考えるだろう
七　しかし、わたしはひとこともその言語を理解していない

これはチューリング・テストでのコンピュータの状況を模している。「わたし」がいる小部屋とはコンピュータの内部であり、マニュアルにしたがって記号を書く「わたし」はCPUの役割を担っている。このとき、たとえ質問者の人間とコンピュータとのあいだに会話が成り立っているようにみえたとしても、コンピュータはプログラムにしたがっているにすぎない。自分がしていることの意味を理解しているわけではないのだ。だからこのコンピュータが意識や知性をもっているということはできない、というのがサールの主張である。

チューリングは、相手が知性をもっているかどうかは、対話がある程度しぜんになされるかどうかが判断の規準になるとした。サールは、たとえ対話がなりたっていても、そこに生じている〈意味〉を理解したうえでの応答でなければ知性があるとはみなせないとした。もちろん、機械と知性の関係についてはチューリング・テスト以外にもさまざまな考えが論じられている。またこのテストは後年実施されてその欠陥が指摘されてもいる。しかし心を物理的なものの観察からとらえるという点で興味深い視点をあたえてくれる。たとえば最近は、脳のはたらきを研

究することで心の問題を解き明かすことができるとする場合があるが、これはチューリングに近い考えだろう。そして中国語の部屋は、心とはなにかという問題について、わたしたちのより感覚的なものに訴えてくるのである。

さて、あなたはどちらの意見により納得がいくだろうか。

感じて動く「心」　わたしたちは、心のありように関して大きく二つの立場をみてきた。心とはなにか（脳、行動etc.）を観察することで表せるのだという考え（チューリング・テスト）と、観察だけではこぼれおちてしまうものがあるという考え（中国語の部屋）だ。前者は、心とは行動にあらわれたものや、脳の状態や、心のはたらきなどを調べることで理解できるとする。客観的に分析することができないものや、神秘的な魂といったなにやら得体のしれないものではなく、物的なものから心の問題を解き明かそうとするのがこの立場だ。後者は、心とはそういった物的なものでは説明しきれないとする立場である。どちらの立場も、現在盛んに議論されている。

ここで最初の疑問にもどろう。いままでの話を踏まえて、あなたは「機械が心をもつか」と訊かれたらどう答えるだろう。この問題に、たしかな答えはまだ出ていない。しかし、だからこそあなたが自分自身で考えて議論することができるのである。あなたの出した答えがイエスであれノーであれ、その回答が「機械は感動できるか」という問いへのあなたの考えにもなる。さらにこの答えは、機械と心の関係だけでなく人間と心の関係についても、あなたがどんな考えをもっているかを示すことになるのである。

なにかを新しく知ることは、感動することにもつながる。たとえばあなたが機械と心の関係について自分自身で考え抜いて、「わかった！」という感覚をもったなら、それはあなたの心が感じて動いた証かもしれない。「エウレーカ！」と叫ぶことを、心をもつもの、感動することができる人間として、多く体験してほしいと願う。

《参考文献》金杉武司（二〇〇七）『心の哲学入門』勁草書房、宮原勇（二〇〇四）『図説・現代哲学で考える「心・コンピュータ・脳」』丸善、ティム・クレイン（一九九九）『心は機械で作れるか』土屋賢二訳、勁草書房

風刺

近世ドイツの笑えない笑い話

大島　浩英

ドイツ民衆本　一六世紀末のドイツで『ラーレブーフ（Das Lalebuch）』という書物が出版された。一五世紀中頃に発明された印刷術によって数多くの娯楽小説が安く大量生産され、庶民の間に広く普及した時代である。こういった安価な通俗本のことを「民衆本（Volksbuch）」という。民衆（Volk）に読まれた本だからである。さてそれらの一つ『ラーレブーフ』のラーレ（Lale）とは登場人物らの総称、ブーフ（Buch）は書物で、さしずめ『ラーレ人の書』といった意味になる。このラーレ人たちはラーレブルク（Laleburg）という村に住み、ギリシャ人の一人を祖先にもつ賢者たちであった。Laleという名称は「能弁家」を意味するギリシャ語からきているとも、また「回らない舌で話す」という意味のドイツ語lallenからきているともいわれるが、そんな彼らに世にも奇妙な出来事が起こる。賢明さという天分を与えられながら、幸福になれなかったラーレの人々。そんな彼らの住む村、ラーレブルクを少しのぞいてみることにしよう。ちなみに、内容はほぼ同じで舞台を実在の町シルダウ（Schildau）に移し替えた『シルダの人々（Die Schiltbürger）』の方がよく知られているかもしれない。

聡明なるラーレ人たちの知恵と分別のうわさは遠くの地まで知れ渡り、ラーレ人の助言を求めて問題を抱えた遠隔地の王侯貴族から多くの使者がラーレブルクに遣わされた。ラーレ人の知恵を切望する他国の君主たちは次第にラーレ人を手元に置きたいと願うようになり、ラーレ人の男たちは金、銀、宝石をもらって一人、また一人と遠くの国へ招聘され、ついにラーレブルクには女だけしかいなくなってしまう。男手を失ったラーレブルクは荒れ果て、父親不在の家庭は崩壊寸前となる。

自分たちの能力を高く評価してくれる他国の君主の期待に応えようとして自らの村と家族を顧みなかったラーレの男たちは、自分の能力を認めてもらうために仕事を最優先し、家庭や地域社会に居場所を失ってしまった現代の夫や父親とどこか似ている。家族や仲間との平穏な生活を願っていたはずのラーレ人たちが、他国の君主のために自らの家庭を犠牲にするような行動をとってしまったのはなぜなのか。それは、自分が他者から認められ、高く評価されたいという優越性への欲求がこの聡明なるラーレ人にもあったからではないだろうか。

習慣は第二の天性　さて、老いて役に立たなくなればいつかは君主に捨てられる、と諭す妻たちからの手紙によってラーレの男たちは帰郷し、もう二度と他国の君主から呼び出されないようにするための方法を皆で協議する。ラーレ人たちは事あるごとに皆で集まって村会を行なっており、一種の共同体を形成していた。そしてその村会で出た結論はこうである。知恵と分別のゆえに他国に招聘されたのだから、自分たちが愚かで無分別になればもう呼び寄せられることもない。考えられる限りの愚行を皆で行ない、阿呆（Narr）の振りをすればよい、というものであった。賢者のラーレ人にとってはつらい決断だったが、これも公共の幸福、利益のためとあきらめる。そしてここからこの民衆本ではラーレ人による愚行が繰り広げられ、最後には本物の阿呆になってしまうという結末が待っている。「習慣は第二の天性」という格言がこの物語のテーマといわれる所以である。こうして公共の利益を優先し、仲間意識でつながった共同体を作るはずのラーレ人たちだったが、彼らが当初ラーレブルクに定住を決意したとき、農業、牧畜を営みながら同じ村に住んでいても他人の仕事は極力引き受けないようにする、という姿勢で生活を始めており、元来農民ではなかったラーレ人たちに村落共同体の意識があったかどうかはそもそも怪しいのである。

阿呆としての新しい生活を始めるにあたり、村民の協力と費用でまずは村役場を建設することに意見がまとまる。役場建設の材料となる木材を皆で山から切り出したといっては、公共事業に精を出し村に貢献したという口実で居酒屋へ駆け込み公金で飲み食いし、役場の屋根に瓦を葺いたといっては、仕事終わりの鐘の音を聞くなりわれ先にと居酒屋めがけて一目散に突進する。どうやら村役場を建設するという村全体の目標を忘れ、公金で飲み食いしたいという私欲のみが彼らの行動原理になっていると見受けられる。さてこんな調子でとりあえず完成した村役場だが、入ってみると中は真っ暗でお互いの顔も見えぬありさま。どうやら明かり取りの窓を作り忘れたらしい。そこで、努めて阿呆になろうとしているラーレ人たちが考えた解決策は、日光を水と同じようにバケツや袋に入れて役場の中へ運び込み、そこでぶちまければ明るくなるだろうという奇想天外なアイデアであった。当然のことながら何の効果も得られず疲れ果てたラーレ人たちは、公共事業を行なったということでまたまた公費で飲み食いすることだけは忘れなかったのである。役場の中が真っ暗な原因がわからぬまま無駄な試行錯誤を繰り返した末、窓を作り忘れたことに誰も気が付かなかった事実に一同愕然とし、阿呆を装うという「習慣が第二の天性」となる怖さを思い知るのである。ここでも、村人たちが集まり村全体にかかわる公共の問題を話し合う場を作るという本来の目的が忘れ去られ、むしろ都市に住む市民のごとく、市庁舎という建物をステータス・シンボルとして持つこと自体が目的となってしまったのではあるまいか。つまり都市市民に対する羨望と、市民階級の優越感を味わいたいという俗物的な欲求が見て取れるのである。

優越感　そうこうするうちにラーレ人たちの愚行のうわさが広まり、皇帝の知るところとなる。かつて皇帝自らも助言を求めたこともあるラーレ人たちの愚行が事実かどうかを確かめるべく、皇帝がラーレブルクを訪問する運びとなる。その際に皇帝が出した条件は、自分が最初に話しかける言葉に対して韻を踏んで答えること、さらに、半ば騎馬、半ば徒歩で出迎えること、というものであった。これにはラーレ人たちも驚き、自分たちが行なっている阿呆の振りが皇帝にばれはしないかと不安に苛まれる。そこでまずは皇帝を迎えるにあたって、その時不在であった村長を急遽選出しなければならないことに思い至る。最もうまく韻を踏んだ文句を考えついたものが村長に選ばれるという選出方法だが、これに一人の豚飼いが名乗りを上げた。同じ村の共同体という横並びの人間関係の中にでもより高い地位を望むという縦の関係に価値を置き、このことを打ち明けられた妻もまた村長夫人という高い地位にあこがれて、夫に韻を踏んだ受け答えを何度も吹き込み、夫も繰り返し練習して選挙当日に臨むのである。ここには、夫婦ともに自分たちの居場所がある共同体の横並びの人間関係に満足せず、上下関係をともなう縦の人間関係における優越性を望むという俗物根性が見え隠れする。韻を踏んだ文句が次々と披露される中、誰かに先を越されはしないかと戦々恐々とする小心者のこの豚飼いが、韻のうまさに加えて唯一農夫ではなく職人だとして当選するのである。

さて皇帝を迎える二つ目の条件は、「半ば騎馬、半ば徒歩で出迎えること」であった。これらの条件は皇帝がラーレ人たちの阿呆ぶりを試すための悪ふざけに過ぎないものだが、これにもラーレ人たちは真面目に応じ、皆が竹馬に乗って皇帝を出迎える。ここにも、明らかにばかげた皇帝の要求を真に受けて皇帝に気に入られることを望み、そしてあわよくば格別のお引き立てにあずかろうと、今や何のためらいもなく愚行を行なうようになってしまった哀れなラーレ人たちがいる。彼らの姿は、横の人間関係ではなく縦の人間関係の中にしか自らの価値を見出せない現代人の姿と重なって見えはしないだろうか。ちなみにラーレ人たちは自分たちの住むラーレブルクが村（Dorf）と呼ばれることを嫌い、たとえ無理があっても町（Flecken）と呼ばせようとしており、上下の関係において優位に位置する町の住民であるという優越感を求める俗物根性がここにも顔を出している。

阿呆共同体　ラーレブルクに迎え入れられた皇帝はしばらくの間そこに滞在してラーレ人たちと生活を共にし、彼らの阿呆の振る舞いを認め、十分な謝礼を授けて村を去る。そしてその謝礼金は例のごとく公共の利益とはならず居酒屋での飲み食いに浪費されてしまうのだが、その謝礼金でしたたか飲んだ後、ラーレ人たちはまだ飲み足りないとばかりに外へ出て野原に陣取り、さらに飲み食いを続ける。酔っ払った彼らは、自分たちの脚が絡み合い、同じ色のズボンをはいていることもあってどれが自分の脚だかわからなくなるという事態に陥る。通りがかりの男に脚を棒でさんざん殴ってもらい、その痛みで各々が自分の脚であることを認識するという笑い話（Schwank）が挿入されているが、ここでは自他の区別がなくなり、個人が埋没した共同体という存在が象徴的に描かれている。また別のエピソードでは、村落に付き物の水車小屋を建て、粉を挽くための石臼を山上の石切り場から共同作業で運び下ろすという話がある。その際、山の麓へ転がり落ちた石臼の場所がわかるように、ラーレ人の一人が石臼の真ん中にあいた穴に首を突っこんだまま石臼とともに転がり落ちて場所を知らせるという愚行をやらかす。このラーレ人は運悪く、勢い余って山麓にあった池にはまり溺死してしまう。残ったラーレ人たちはそうとも知らず、この男は石臼という公共の財産を盗んだとして罰せられるべきだ、とのお触れ書きを張り出すのである。石を切り出すのも共同作業なら、切り出された石臼も公共財産というわけで、ここでも個人の姿が見えない村落共同体としてラーレブルクが描かれている。固有名詞は一切使用されず、個人を特定しないことがこの物語の特徴といえるが、このことは、ラーレ人たちの愚行は誰にでも当てはまる可能性があることを示唆している。

自滅と離散　ラーレ人たちの村には多くのネズミが住み着いており、村民は自分たちの食料が食い荒らされるという被害に悩まされていた。そんな折に、通りがかりの旅人が抱いていた一匹の猫が何匹ものネズミを捕まえる様子を目の当たりにしたラーレ人は、その猫を大金を支払って買い取ることにする。旅人はその猫をネズミ犬(Maushund)と偽って村人に売りつけ大金を手にしたので、村人の気が変わらないうちにと急いで村を立ち去る。一方ネズミ犬を手に入れたラーレ人たちはこの動物にやるエサを聞いておくのを忘れたため、一人の男にこの旅人のあとを追わせた。足早に逃げる旅人に追いつけず、男は仕方なしに遠くから「ネズミ犬の餌は何か」と問いかける。逃げる旅人が「与えるものは何でも(was man ihm gibt)」と返した返事をその男は「家畜でも人でも(Vieh und Leut (e)」と聞き違えてしまう。ギープト(gibt)とロイト(Leut)では少々韻が合わず聞き違えるには無理があるが、そこは阿呆になりきったラーレ人たちのこと、ネズミの次は家畜が、そして最後には自分たちが食われてしまうと怖れおののき、せっかく大金をはたいて買ったこの猫を殺す決意をする。さりとて恐ろしい猫を捕まえる勇気のある者もおらず、困った村人たちは猫を村の城に入れ、城ごと焼き殺そうと火を放つ。逃げ出した猫は別の家に逃げ込み、この家にもまた火が掛けられる。ラーレ人たちは逃げまどい、やがて炎は燃え広がってとうとう村全体を焼き尽くし、こうしてラーレブルクは消滅してしまうのである。悩みの種だったネズミ問題を解決してくれる猫をせっかく手に入れたのに、それを怖れ、うまく使えずに殺そうとし、結局自らの手で村の崩壊を招いたラーレ人たちの行ないは、得がたい知恵を授かりながらその使い方を誤り、阿呆を装うことでそれを放棄し、その知恵と分別を共同体の幸福のために役立てることができず自滅していった彼らの愚かさを象徴してはいないだろうか。

変貌する社会　森へ逃げ込み命拾いしたラーレ人たちは不安のどん底にいる。そしてすべてを失ったラーレ人たちが皆で相談してたどり着いた結論は、ネズミ犬への不安がなく安心して住める他の土地へと移り住むことであった。かくしてラーレ人たちは故郷のラーレブルクを離れて各地へ離散してゆき、住み着いた場所で阿呆の種をまき散らす。今の世の中であちこちに見られる愚者たちは、ラーレ人の末裔ということになるのである。村が焼け落ち、ラーレ人たちが離散していくという結末が暗示するものは、家族や友人などに対して抱く仲間意識によってつながっていた社会は、利害や優越感、劣等感などとあいまって、上下の縦の人間関係でつながる孤独な社会へと変貌せざるをえない、という冷たい現実なのだろうか。他者を敵とみなすような現代を支配する競争社会の根は、このラーレブルクにすでにあったのかも知れない。

《参考文献》

Ertz, Stefan (Hrsg.) Das Lalebuch. Nach dem Druck von 1597. Stuttgart 1970.
大澤峯雄・櫻井春隆訳（一九八七）『ラーレ人物語・不死身のジークフリート』国書刊行会
精園修三（一九八二）「『ラーレブーフ』の意味と構造について」『ドイツ文学研究』一四号、日本独文学会東海支部編
岸見一郎・古賀史健（二〇一三）『嫌われる勇気』ダイヤモンド社

食文化

メーソンジャー　―〝実りある〟アメリカ文化の伝統―

稲積　包昭

固有名詞の一般名称化　発明・発見者の人名や国名・地名、すなわち固有名詞、あるいはその一部が商品や物の一般名称となり、今日国内だけでなく世界中でひろく親しまれている例はよくある。英語を例に取ってみよう。猟師が狩りのときに使う先端へ湾曲したさや付きナイフはbowie knifeと呼ばれる。このナイフの名称は一八三六年、Davy Crockett（デイヴィー・クロケット）とともにメキシコからの独立運動を起こしたアメリカのテキサス反乱軍の指導者であり、アラモ（Alamo）の戦いで戦死した英雄James Bowie（ジェームズ・ボウイー）の名前に由来する。また、フスマを取り除かないで挽いたままの全粒小麦粉graham flour（グラハム粉）で作られたクラッカー、ビスケット、パンはそれぞれgraham cracker、graham biscuit、graham bread、の名前で呼ばれているが、このgrahamは、一九世紀初頭のアメリカ社会において、人々の食生活の乱れやそれによると考えられた不健康状態を憂い、からだに良いと考えられた全粒粉を使った食品を食べることを強く提唱した、食餌法《しょくじほう》改革者のシルヴェスター・グレイアム（Sylvester Graham、一七九四～一八五一）の名前に由来する。人名のBowie、Grahamが時間の経過とこれらの品物が生活の中へ浸透していったことにより、一般名詞化して小文字のbowie、grahamと書かれるようになったと言われている。もう一つ例をあげてみよう。一九八八年にアメリカで出版されたRobert Fulghum（ロバート・フルガム）のベストセラーエッセイ集『人生に必要な知恵はすべて幼稚園の砂場で学んだ』の中に、（自動）

車は自己のイメージを象徴するものであるに始まり、次に自分のイメージに合った車種は何かときて、結局、車に求めるものはイメージではなくフィーリングであるとするユニークな「クルマ観」を披露した一篇がある。

"What I really want from transportation is not an image but a feeling. I remember riding home on a summer's eve in the back of an ancient Ford pickup truck, with two eight-year-old cousins for company and my uncle Roscoe at the wheel. ......We were eating chocolate cookies and drinking sweet milk out of a Mason jar, and singing our lungs out ......" p.62（注一）

「つまるところ、わたしが求めているのは、外見ではなく実感である。ある夏の夕暮れに、叔父のロスコウが運転するくたびれきったフォード・ピックアップトラックの荷台に乗って家に帰ったことがある。八歳になる従兄弟ふたりが一緒だった。……そして、チョコレート・クッキーを頬張り、メーソンの魔法瓶からおいしいミルクを飲みながら、ありったけの声で歌を歌った……」（注二）

筆者が下線を施したメーソンジャー（Mason jar）はニューヨーク出身の発明家ジョン・L・メーソン（John L. Mason）の名前に由来することはわが国の英和辞典にも記載されている。例えば、旺文社の『新英和中辞典』は、「家庭用の広口密閉式の食品貯蔵びん」、『ロングマン英和辞典』（桐原書店）では、「果物や野菜のびん詰め用の密閉ガラスびん：同意 Kilner jar」とある。『研究社新英和大辞典』は、「【1858年 New York の John L. Mason（1832-1902）が専売特許権を得たことから】メーソンジャー《食品貯蔵用の密閉ガラスびん》」、また、『ランダムハウス英和大辞典第二版』（小学館）はメーソンジャーが単に広口の食品保存用ガラスびんではなく、「家庭瓶詰め用のねじ蓋式の広口密閉ガラス瓶」と、びんの蓋に特徴があることを加えている。なお、池央耿訳のように「魔法瓶」とあるのは筆者が調べた文献では、『人名をルーツにした英語』（シリル・ビーチング／横山徳爾訳編、朝日イブニングニュース社、一九八一）だけであった。さらに、同書は Mason jar について、「メーソン・ジャーは商品名であったので Mason jar と大文字で始めなければならなかったが、一〇〇年が経過するうちに、次第に一般名詞化して mason jarとも書かれるようになっている」と説明を与えている。ここまでの英和辞典による調査で分かったことは、メーソンジャーは私たちの日常生活において毎日手にする薬や保存食品のジャムなどを入れる、金属製の口金つきのガラス製のびんを指すのではないかということである。

食品保存の歴史と種類　人類の歴史は食の確保の歴史でもあった。保存方法がなかった時代、一年のひと時だけしか自然の恵みを享受することができなかった。食べきれないほどの収穫があってもただ腐っていくのを虚しく眺めているだけか、寒い冬、食糧が欠乏し飢え死にしていく家族を前に、命の糧である穀類、新鮮な果物、動物の肉類の入手を天に願うしか方法はなかったであろう。季節の変化にかかわらず旬の時期の食物がいつでも食べられ、品質を損なうことなくこれらの食物を保存し、大量に、しかも簡便に携帯することを可能にしてくれる方法の発見・発明は人類の歴史に大変革をもたらすとともに、今日、ヨーロッパやアメリカの家庭文化的伝統を作り出し、受け継がせていくことになった。ところで、食品保存の方法は二種類に大別することができる。一つは食品自体の腐敗を防いで長期間の保存を可能にする方法であり、もう一つは食品の腐敗を引き起こす空気を遮断する入れ物（容器）を使う方法である。製氷法、冷凍法、缶詰技術のなかったアメリカ植民地時代初期から、人々は腐敗を防ぐ方法として「乾燥」、「塩漬け」、「燻製」の調理法を用いて肉の保存を行った。jerky（《ビーフ》ジャーキー）、salt horse（塩漬け肉）、pemmican（ペミカン）などが肉類の保存の代表的方法であった。一方、後者の容器を用いた例としては、古くは、"Neither is new wine put into old wineskins."「新しいぶどう酒を古い革袋に入れる者はいない」（マタイによる福音書、第九章一七節）や、アメリカインディアンが、挽いたトウモロコシの粉を革袋に入れて保存・携帯し、食べるときにその粉を水で溶いて調理したように、革袋が食べ物や飲み物の保存のために用いられた。ガラスが貴重品であった時代（注三）、革袋や西部開拓時代の幌馬車にくくりつけられていた食料保存用の木の樽は必需品であったが、携帯性、長期間の保存、価格の点で人々を満足させるものではなかった。これらの欠点が克服されて実用性に富んだ保存容器としてのびんや缶詰の出現には一八世紀以降の科学の進歩、工業技術の発達を待つしかなかった。缶詰の歴史はフランスの製菓業者ニコラ・アペール（一七五一～一八四一）が食品を摂氏約一〇〇度で長時間煮沸すると腐敗を防ぐことができることを発見したことに始まるとされている（注四）。後に「アペール法」と呼ばれた彼の保存法は煮沸した食品をガラス容器に入れて加熱し、天然樹脂やコルク栓などで密封するというものであった。アペールより少し遅れて、イギリス人のピーター・デュラン（一七八〇～没年不明）がガラスの代わりに錫メッキした錬鉄（筆者注：柔らかくて粘りのある、釘や針金に使われた鉄）を使った容器を発明し特許を得ている。これが缶詰の元祖であるとされている。その後、缶の製造、密封、加熱、などの技術革新と、一九世紀後半以降の人口増加や大都市における食料供給問題、南北戦争やヨーロッパ大陸における戦時の軍隊への食糧補給と確保問題が国家的な重要課題として浮上し、その対策として多くの長所を備えた缶詰が解決策として大量に生産され、利用されるようになったたことが、今日、びんによる食品の保存を台所での女性の仕事に押しやり、缶詰の食品保存のエースとしての揺るぎない地位を確かなものにさせたと言いうる。缶詰の出現以来、多くの人々が飢餓から救われ、食生活の向上に大きく貢献してきたことは指摘するまでもないが、皮肉なことに、命を奪う戦争によって缶詰が生き残ったという面もあることを忘れてはならない。

メーソンジャーとは何か　　フルガムのエッセイに戻ろう。泳ぎの帰り、フォードの旧式ピックアップトラックの荷台でクッション代わりにタイヤのチューブに座りながら、sweet milk（新鮮な全乳）を飲んだメーソンジャー（Mason jar）はどんな容器であったのであろうか。現在、日本の百貨店の食器コーナーでも様々な種類の密閉式ガラスびんを買うことができる。透明の広口びんの口の部分とガラスの蓋のあいだにゴムパッキンを挟み、金具や強力な針金（ワイヤー）でびんと蓋を挟んで密着させる方式のもの、前者はドイツ生まれのＷＥＣＫの商品（注五）があり、後者では針金で密着させるものは、Cumberland General Store の通販カタログによれば French Canning Jars と商品名が付けられて売られている。また、ガラスびんの広口部分の外側にネジ山をつくり、薄い金属の円板の裏側にびんの口の幅に合わせたゴムパッキンをはりつけた内蓋（＝lid）をネジ式の外蓋（＝口金）で締めつけてビンを密閉する方式のもの（イギリス生まれのKilnerの商標名のびん（注五））やアメリカのボール社（Ball Corp）からの大小様々な商品群もある。ニューイングランド地方に限らないであろうが、アメリカの家庭の主婦は摘みたてのブルーベリーやイチゴあるいはリンゴなどの新鮮な果実でジャムを作り、煮沸殺菌したあとメーソンジャーに入れて密閉し、保存食として一年間旬の味を楽しむ、あるいは遠くの親戚や友人に送る習慣があると聞いた。何をびん詰めにするか、何を隠し味として使うかは各家庭のレシピとして母から子へ、子から孫へと何世代にもわたって伝えられているそうである。このような個人による主として、果実や野菜の保存食作りはホーム・カニング（home-canning）と呼ばれ、アメリカの伝統的な食文化の一つとして定着しているだけでなく、近年、食品の安全性や自然環境保護への意識の高まりとともに、新たな視点から見直され、盛んになっているという。秋近くになると、スーパーで一セットにメーソンジャー一二個入りの段ボール箱が山積みされた光景が見られる。なお、衛生上の理由と耐久性の問題から、毎年内蓋は新しいものに取り替える必要があり、内蓋だけを買うことができる。Masonの特許権が消えた二一年後、メーソンジャーは特定のメーカーの商標名ではなくなり、各種メーカーから製造販売されるようになった。一八八〇年創業のボール社もその一つで、ＭＡＳＯＮのロゴがついた同社の広口保存びんをスーパーやデパートの食器コーナーで見かけることは多い。メーソンジャーと言えばボール社を思い浮かべるアメリカ人も珍しくないであろう。家庭における自然の恵みの大切な保存びんが、大恐慌時代に、その後の戦争による食糧不足の四〇年代には家族を飢えから救う魔法のびんとなり、また、今日、再びホーム・カニングの復活とともに台所の必需品として親しまれている。

ところで、発明者Masonの広口ガラス密閉式保存びんはフランス人ニコラ・アペールの広口ガラスびんとどこが異なり、なぜ特許をとることができたのであろうか。カタログ販売で有名なＳＥＡＲＳ＆ＲＯＥＢＵＣＫの一九二七年版カタログにSanitary Mason Fruit Jarsが絵と説明文句とで載せられている。"Strong shouldered.

Fitted with a non-corroding opal glass lined metal top and red rubber fruit jar ring. The screw top jar is much safer than the wire clamped jars."（注六）これを読むと現在の市販品と蓋の部分が異なることが分かる。すなわち、内蓋はなく、内側が非腐食性の乳白ガラスで裏打ちされた一個の金属製のネジ式外蓋（＝口金）で、間に置いた赤いゴムの輪（＝パッキン）をびんの口と密着させ密閉性を高める仕組みになっている。しかしながら、ゴムの実用化は一八七〇年オハイオ州出身のグッドリッチによるゴムホースが初めてで、びん栓、保存びんの輪（＝パッキン）の製品化は七一年からであるという。一八五八年Masonが特許を取得した時にはゴムの輪（＝パッキン）を間に置いて締め付ける方式はなかったはずである。マシューズの米語辞典、A Dictionary of Americanisms の Mason（fruit）jar の項には次のような説明が与えられている。"A fruit jar with a screw top used for home canning, esp. the type with a porcelain-lined cap. Named for John Mason, who was granted the patent for such jars in 1858."これによって、初期のメーソンジャーの特徴が、コルク栓や樹脂・ロウでびんを密閉するアペールのやり方ではなく、口金を乳白ガラスで裏打ちしたネジ式蓋にあったことが分かる。ウエブスターのインターナショナル英語辞典第三版 Mason jar の項を見ると、"1：a widemouthed glass jar with a porcelain-lined zinc screw cap sealed at cap edge and glass shoulder by a flat rubber ring 2：any of various wide-mouth jars with a screw cap used for home canning"（注七）とある。2の定義によって、ＭＡＳＯＮのロゴの有無にかかわらずこのネジ式蓋の付いている保存びんはメーソンジャーと呼ばれるようになったことが分かる。くどいようであるがこれを「魔法びん」と訳した根拠はどこからきているのだろうか（注八）。旧式のフォードのトラックにはフィーリングが合わないように思われて仕方がないのである。アメリカ西部劇映画の中に、強盗に追われた男が薄青色のガラスびんに札束を丸めて入れ、ブリキ色をしたネジ蓋を締めてこれを砂地に掘った穴に隠すシーンがあった。また、農家のキッチンの棚に所せましと並べられている保存びんの中に、これとよく似たものを見たことがある。旧式フォードにぴったり合うメーソンジャーはこれではないかと思うのだが。一九八五年頃ニューイングランドの田舎道に軒を並べたアンティークショップがあり、

Sanitary Mason Fruit Jars

店の棚に無造作に置かれた同じものをよく見かけたからである。ところで、一九九〇年ボール社発行のガイドブックに、ブリキの口金とガラスの内蓋の二個ひと組セットはホーム・カンニングに適さないという理由でもはや採用していないと注記してあるのを見つけた（注九）。亜鉛製の外蓋と乳白ガラスの内蓋の古いメーソンジャーを見かけなくなったのにはこんな事情があったわけである。ならば尚更、今ではガレージセールやアンティークショップでも入手困難になってしまったこのオールドタイプのメーソンジャーがフルガムにはよく似合う。消えつつあるものに郷愁を感じるアメリカ人のメンタリティーを見る思いがするではないか。

本エッセイにおいては、はじめに固有名詞が一般名詞や名称として使用されるようになった代表的な例をあげ、次に広口保存びんとして、アメリカにおいて親しまれているメーソンジャーについて、今日では先にあげた固有名詞に由来する例ほど発明者とそれが指すものとの間に深い関係性がなくなっていることを、技術発達の視点から考察した。なお、食品保存に関して言えば、魔法瓶（therrmos）とビール瓶の王冠（crown cap）などについても触れるべきであるが、科学技術の諸分野におよぶ成果の結集であり、本テーマとの関連性がうすいので、割愛した。
(注一) Robert Fulghum: All I Really Need to Know I Learned in Kindergarten, Grafton Books, 1989
(注二) ロバート・フルガム (二〇〇四)『新・人生に必要な知恵はすべて幼稚園の砂場で学んだ』池央耿訳、河出書房新社
(注三)『人類の歴史を変えた発明一〇〇一』の、「ガラス瓶製造機」の項によればマイケル・オーエンズ (一八五九〜一九〇二三) の自動ガラスびん製造機の発明によって、贅沢品であったガラスが低コストで大量に製造されるようになったのは一九〇三年のことである。五二七頁
(注四)『人類の歴史を変えた発明一〇〇一』の、「真空密封瓶」、「缶づめ食品」の項を参考にした。二六二〜六三頁
(注五) 市販されている保存びんの添付資料によれば、一八四〇年代ジョン・キルナーによって発明され今日に至っているとなっているが、会社は一八四二年創業の John Kilner and Co. 社から倒産を経て Kilner Brothers, Ltd. へと変わっている。
(注六) 1927 Edition of The SEARS, ROEBUCK Catalogue, edited by Alan Mirken, Bounty Books, 1970
(注七) Webster's Third International Dictionary, G. and C. Merriam Co.,1966
(注八) jar は円筒形のガラスまたは陶器でできた取っ手なしの容器をいうが、ボール社のメーソンジャー商品は多種類でビールのジョッキーのように取っ手のついたものもあることから、「魔法瓶」の可能性もある。
(注九) Blue Book: The Guide to Home Canning and Freezing, Ball Corporation , 1990

《参考文献》

ジャック・チャロナー編 (二〇一一)『人類の歴史を変えた発明一〇〇一』ゆまに書房、宮崎正勝編 (二〇〇二)『世界史を動かした「モノ」事典』日本実業出版社、スーザン・ストラッサー (二〇一一)『欲望を生み出す社会』川邊信雄訳、東洋経済新報社

移りゆくことば

日本語の変化の形

鈴木　基伸

社会とことば　ことばとは社会を映す鏡であり、社会が変われば当然ことばも変わってくる。日々新しいことばが生み出され、古いことばが忘れ去られていくのはそのためである。ことばの変化とはことばが持つ根源的特性であり、良い・悪いという概念で捉えられるべきものではない。ただ誰しも自分が知っている（もしくは習った）ことばが正しいと思っているので、日本語の乱れというテーマは無くならず、常に若者ことばは批判にさらされる運命にある。各時代の若者にとってはいい迷惑であるが、その若者も年をとれば新たな若者ことばを憂い、嘆くわけであるからお互い様だといえる。

二重敬語　日本語の乱れとして昨今やり玉に挙げられるのが二重敬語である。一つで十分な尊敬語に対し、不必要な別の尊敬語を付け加えることにより、文字通り敬語を二重に使用してしまうという誤用である。「おっしゃられる」「お帰りになられる」などがその一例だ。これは発話者が同じ尊敬語を何度も使っているうちに、「これだけでは敬意が足りないのではないか、もっと丁寧な表現をしなければ」という錯覚に陥ってしまうことがその原因だと考えられる。つまり、「言う」の尊敬語「おっしゃる」、「帰る」の尊敬語「お帰りになる」はそれだけで十分敬意を表している（とされる）が、繰り返し使うことによって、それだけでは失礼に当たるのではないかという思いが発話者に芽生え、さらに尊敬を表す助動詞「（ら）れる」を付け加えてしまう。このように、敬語には使えば使うほどその敬意が擦り減ってしまうという特性があり、それを「敬意低減の法則」（注一）と呼ぶ。敬語によって表されることばの意味としての敬意は時と共に擦り減り、価値が無くなっていってしまうが、人が誰かに対して持つ感情としての敬意はそうそう変化するものではない。したがって時代が進むにつれ敬語の中身（意味）はやせ細り、それを補填するために新たな敬意表現形式が付け加えられる。これはことばの表面（形）だけを眺めれば、どんどん肥大化しているように見える。

サ入れ言葉　二重敬語と同様、間違った日本語の例として挙げられるものに「サ入れ言葉」というものがある。芸能人や歌手などが「出演させていただきました」「デビューさせていただきました」などと、「させていただく」と言うのをテレビでよく耳にする。「（さ）せていただく」は動詞の使役形「（さ）せる」と、「貰う」の謙譲語「頂く」から成るが、使役形は動詞の種類によって形が変化する。例えば五段活用動詞「作る」は「作らせる」、一段活用動詞「見る」は「見させる」となり、五段活用動詞には「せる」が、一段活用動詞には「させる」が用いられる。つまり、五段活用動詞の使役形には「さ」が必要ないわけであるが、ここにあえて、「作らさせる」と「さ」を入れ、「作らさせていただきます」とすれば「サ入れ言葉」の完成である。なぜそのようなことをするかといえば、「五段活用動詞語幹＋せていただく」に対して既に述べたような「敬意低減の法則」が働き、それだけでは不十分なのではないかと感じ、何かを付け足したくなってしまうからである。ただしこの場合、一段活用動詞には「さ」が本来備わっており、それと比較して五段活用動詞の「せる」だけでは物足りないと感じてしまうという事情がある。「あっち（一段活用動詞）に『さ』が入っているのならこっち（五段活用動詞）にも入れよう」、という発想である。そのため「サ入れ言葉」とは五段活用動詞の尊敬形にのみ見られるものであり、一段活用動詞の「させる（例：見させる）」に「さ」を加え、「ささせていただきます（例：*見ささせていただきます）」（注二）という形は今の所観察されていない。この「サ入れ言葉」もことばの肥大化の一例だといえる。

ゼロ助詞　これまで見たようなことばの変化としての肥大化が存在する一方で、それと全く逆の縮減化ともいうべきプロセスをたどるものもある。例えばラーメン屋などで、「冷やし中華始めました」と書いてある貼り紙を目にすることがあるだろう。日本語には助詞（格助詞、係助詞、副助詞など）があり、原則名詞の後には文中における役割等を標示するための助詞をつけなければならない。この場合、「冷やし中華」は「始める」という行為の対象物であるため、「冷やし中華を始めました」というように「を」を用いる必要がある。しかしながらラーメン屋の貼り紙の中に「を」を見つけることはできない。

このように本来助詞が用いられるべき場所に無助詞が用いられることを「ゼロ助詞」（加藤、二〇〇三）という。このゼロ助詞は何も初夏のラーメン屋でのみ見られるものではなく、我々が日常で使うことばの中にあふれている。「それ（を）とって」「お腹（が）すいた」「ジュース（が）飲みたい」「パソコン（が）壊れた」「そこ（を）曲がったら郵便局（が）ありますよ」などと枚挙にいとまがなく、文法的に必要な助詞を全て省略せずに会話をすることのほうが難しいのではないかと思えるほどである。

ゼロ助詞がここまで積極的に使用される理由は二つ考えられる。一つは無くても意味が理解できるからというものである。例えば友人との会話の中で、「スイカ、食べた」という助詞が省略された発話を聞いた場合、省略された助詞が「を」であるということはそれぞれの単語が持つ意味から推測できる。「スイカ」がウリ科の植物であるということが理解できれば、「食べた」の対象となることは明らかだからだ。「スイカが食べた」というように「が」が省略されている可能性もあるが、その場合には、「スイカという名前の男の子がいる」や「スイカという人食い怪獣がいる」といった特別な文脈が必要となり、そのような状況にあることは通常考えにくい。このように、名詞と動詞の意味的関係から、特別な状況にない限り、助詞が用いられなかったとしても文意の理解は可能となる。無くても意味が通じるものはあえて発話しないというのは、ことばの経済性の面から考えても自然な行為だといえる。

もう一つの理由は、助詞があっては困るからというものである。例えばテストで満点をとった友達に対してゼロ助詞を用い、「頭いいね」と褒めるとする。この場合、「は」もしくは「が」が省略されていると考えられるが、どちらを用いても発話者の意図をうまく伝えることは難しい。例えば「は」を用いて「頭はいいね」とすれば、「頭はいいけど他がね……」というような対比の意味に捉えられ、嫌味を言っていると解釈されかねない。また「が」を使って「頭がいいね」とすれば「色々なものの中で頭こそがよい」というように、頭に対して特に焦点が当てられていると解釈されてしまう。発話者はただ単に対比も強調もせず、「頭＝いい」ということを伝えたいだけなのに、日本語の規範的文法に則って助詞の「は」や「が」を用いるとそれが叶わなくなってしまう。このように、助詞はしばしば意味伝達上の夾雑物となってしまうことがある。その場合発話者は無くても分かるからという消極的な理由からではなく、あると困るから除外するという積極的な理由のもとでゼロ助詞を使用するのである。

ゼロ助詞の使用には、省略という消極的な理由と、除外という積極的な理由が存在するが、いずれにせよ本来使用されるべきものが削減されており、ことばの縮減化がなされた例の一つであるといえよう。

イ落ち文　縮減化によることばの変化の例としてもう一つ挙げられるのが「イ落ち」（今野、二〇一二）と呼ばれる現象である。これは形容詞の終止形活用語尾「い」が脱落し、かわりに促音（注三）が付加されたものである。「熱っ」「寒っ」「早っ」「遅っ」「気持ち悪っ」などがそれにあたる。これは現代の若者ことばの一例であり、関西で言われていた「ああ寒」「あほくさ」などの「い」の無い形容詞が変形し、テレビなどのメディアを通じて全国に広まったという経緯がある。関西のお笑いタレントがテレビ・ラジオというメディアの中核的存在であることを考慮すれば、そのような影響が標準語にまで及んだとしても不思議ではない。

ともあれこのイ落ちであるが、若者ことばということだけでは片付けられない特別な機能があり、ただ単に活用語尾の「い」を省略して促音化（注四）しただけのものではないということである。イ落ちには幾つかの制約がある。①「*熱った」のように過去形にならない②「*寒っね」のように終助詞ネ・ヨがつかない③「*おいしっ？」のように疑問文にならない、などである。①からは形容詞語幹によって表される感覚・感情が発話時に限定されることが、②③からは他者に対して同意や共感を求めたり、質問をすることによって意志の伝達を試みようとすることが、いずれもイ落ち文によってはなされないということがわかる。要するに、イ落ちとは誰かとコミュニケーションを図るためのものではなく、発話時の感情を表出するためだけの、一人言専用の構文だということである。発話者が「熱っ」「早っ」などと言った場合、それはあくまで発話の時点において感じたことを表したいだけなのであり、聞き手へそれを伝え、さらに反応を求めているわけではない。伝達こそがことばの本質的かつ根源的な機能であるとすれば、それを目的としないイ落ち文とは、極めて特異な構文だといえよう。

変化のカタチ　一口にことばの変化といっても、肥大化する場合もあれば、縮減化するものもある。これらは一見お互いに矛盾しているようであるが、それぞれに合理的な理由があり、変化のあり方が一様ではないことを示している。ただ、「二重敬語」「サ入れ言葉」「ゼロ助詞」と「イ落ち文」とでは大きくその性質が異なっている。二重敬語、サ入れ言葉は敬意の伝達を目的としている。また、ゼロ助詞は助詞を使わないことによってのみ伝えられる意味を聞き手に伝えることを目的とする。しかしながらイ落ち文は、それ自体が伝達を目的としないものであり、言うなれば自己完結型の「ひきこもり文」だといえる。前者三つがコミュニケーションを目的とする一方で、後者はそのコミュニケーションを放棄しているのであり、双方の機能的差異は極めて大きい。

現在、テレビやインターネットなどでコミュニケーション能力という言葉がよく聞かれる。コミュニケーションが苦手な人を「コミュ障（コミュニケーション障害）」と呼ぶこともあるし、大学生が一人トイレで昼ごはんを食べることを指す「便所メシ」という造語もある。少し前の時代であればトイレで昼ごはんを食べることなど考えられなかったが、友達と食べるよりも一人誰の目にも触れないところで食事することをあえて選択する若者が少なからずいるということである。つまり現代の若者においては、他者とコミュニケーションをすることが得意ではなく、友人といるよりも一人でいた方が心地良いと感じている割合が増えつつあるということであろう。これがもともとあった問題であり、たまたま表面化しているだけなのか、それとも現代特有の現象なのかはわからないが、社会的な問題になっていることは確かなようである。そんな中、イ落ち文という聞き手の反応を期待しない、ただ発話時の感情を表出するだけの構文が若者ことばの一つとして出現したという事実は見逃すべきではない。

冒頭で述べたように、ことばは社会の鏡である。イ落ち文のような若者ことばは閉鎖的な社会の現れであるかもしれない。内へ内へとこもる自己完結型のことばへの変化が今後進むのか、それとも伝えることを目的とすることばがこれまで通り生き残っていくのかは誰にもわからない。ただ現代の若者が年をとった時にどのような新しい若者ことばを憂いているのだろうか。大変興味深い問題である。

(注一)「逓減」と書かれることもある。

(注二)「*(アステリスク)」はその文が非文法的であることを表す。

(注三)小さい「っ」のことを促音と呼ぶ。

(注四)厳密には促音化とは異なるが、便宜上このように表記する。

《参考文献》

井上史雄(一九九九)『敬語はこわくない』講談社

加藤重広(二〇〇六)『日本語文法ハンドブック』研究社

加藤重広(二〇〇三)『日本語修飾構造の語用論的研究』ひつじ書房

今野弘章(二〇一二)「イ落ち:形と意味のインターフェイスの観点から」『言語研究』一四一巻、五—三一頁

名古屋大学日本語研究会GA6(二〇〇七)『ふしぎ発見!日本語文法。』三弥井書店

防災

地震リスクマネジメントと規制単位

貝柄　徹

定義と範疇　risk management は近年、リスクマネジメントとカナ表示されることも多くなった。「危機管理」と表記する場合もある。「リスクマネジメント」は将来起こる危険への対応で、「危機管理」はすでに発生した事象に対してダメージを減らす発想というように両者を区分する意見もある（浦嶋、二〇〇五）。また日本は地震や火山の噴火と密接な国であるため、「危機管理」より一般的には「防災」という語の方がよく用いられてきた。二〇一二年以降、中央教育審議会では「防災教育」を学習指導要領に組み込み、教科として体系的な指導を視野に入れていることからも明白である。ただ本稿では防災より広い範疇のリスクマネジメントについて多少の考察を試みる。

「リスクマネジメント（あるいは危機管理）」という語は、一九九五年一月一七日の兵庫県南部地震（阪神・淡路大震災）を契機に一気に市民権を得て、二〇〇一年三月には経済産業省が「JIS Q 2001 リスクマネジメントシステム構築の指針」を制定した。これは企業活動において、ハザード hazard（危険）とエクスポージャー exposure（リスクにさらされる額）を適切に調整するリスク・コントロールするための規格であり、「組織の収益や損失に影響を与える不確実性」（経済産業省、二〇〇五）という定義に基づき、自然災害のみならず、ヒューマンエラーや経済事故などの広範囲のペリル（peril：損失を生じさせる原因）を想定していた。

そのためもあって risk management の意訳には「保険」という意味合いも含む。これは全ての損害をお金に換算する方法で、ある意味で究極の危機管理ともいえる。例えば自動車を運転する場合、万が一の事故に備えて、現在では対人や対物賠償に無制限の任意保険に入ることは常識化している。その対極で、自動車で事故を起こさない究極の方法は……「運転しないこと」である。一見、詭弁のような話であるが、実はリスクマネジメントはひとつではないことを示している。国家が考えねばならないレベルと地方自治体、企業、大学、個人でその範疇は異なる。また大学といえども夜間（二部）を併設している場合、学生の大学での滞留時間が長くなる。また理系の学部で薬品や生物を扱う場合と文系では異なってしかるべきである。それゆえすべて大学や企業のリスクマネジメントはかくあるべしと規定することはできない。しかし社会への説明責任もあり、リスクマネジメントの規定とその開示が求められ、ウェブサイトなどでその姿勢を明らかにする必要性が高くなってきた。大学では大規模地震対応マニュアルだけでなく、災害対策（火災、爆発、風水害）、事件対策（不審者侵入）、事件・事故対策（国際交流等）、事故対策（毒劇物）、疫病対策（食中毒・感染症）と細かく分ける小樽商科大学のような事例もある。筆者のゼミ生がウェブサイトに開示している全国の大学のリスクマネジメント規定を二〇一三年秋に調べ、一覧リストを作成した。しかし二〇一四年春に再度検索してみると、多くの大学でより詳細に分化したマニュアルになっており、一般の規定や学則同様、刻々と変化していることがうかがえた。

個人のリスクマネジメントに関して、公の機関がどの程度関与するのかは難しい部分がある。個人宅の本箱や食器棚の転倒防止策として壁との間に設置するL字金具や天井との突っ張り棒は個人で考えるべきもので、地方自治体が必ずしも公費を投入して各家庭に配付すべきものとはいえない。個人住宅が倒壊することは大きな意味では地方自治体や国家にとっての損失であるが、倒壊することで、大爆発を誘因するものではない。万が一の場合、他国など広範囲にまで影響を及ぼす可能性がある原子力発電所を始め、石油化学コンビナートなどが最優先して考えねばならない範疇であって、リスク割合から考えると企業、大学などよりも個人住宅はかなり低位に属する。ただこれを個人の先を見通す力、想像力、（場合によっては怖がる意識）によって負担しうる費用と工夫でそれを回避すればよい。

risk management の根底は、先に起こる可能性のある事象を想像する力かもしれない。その好事例として以下のような命題を聞いたことがある。「混雑した列車内に紙コップに入った飲み物を持ち込むか」法律上もちろん違反ではないが、通常の意識を持っているならば、万が一のことを考えて持ち込まないはずである。列車の揺れなどでコップの液体がこぼれると、何が起こるかは自明の理といえる。自分だけでなく他人にかけてしまった場合……ああ、恐ろしい。中身が冷たいジュースであろうと熱いコーヒーであろうと同じである。ただかような命題も昨今の大学では通用しなくなってきた。講義中にペットボトルのお茶を飲むことは禁止できないような社会状況がある。紙コップのコーヒーやジュースを満員の教室に持ち込み、狭い机の上に置く光景も昨今ではあり得る。中年以上の世代からすると驚くべき光景が現在の大学で垣間見ることができる。

冬になると猛威をふるうインフルエンザは、乳幼児はもちろんのこと、家庭内に小さな子どもや老人のいる者にとって危険なペリルである。そのため予防接種や手洗い、うがいなどで自己防衛している者が多い。しかし世間では経済的・自己中心的な理由等（もちろん個人の意思もあり得る）でエチケットマスクすら着用せず、全く無頓着にウィルスをまき散らす者も多い。そのため本来、罹患した者が着用するマスクが、逆に健常者が着用するという防御的な役割に変わりつつある。リスクマネジメントは社会的状況、個々人の意識、企業や大学の経営者や管理者の考え方によって大いに変化する。

交通機関の規制単位　学校教育において生徒や学生の安全確保は重要な課題といえる。主として近所から通学している小・中学校ではすぐに帰宅させることが可能であるが、高等学校や私立学校の場合、かなり遠方から通学している者も多い。気象予報に関しては休校や途中下校に関する明確な規定があるが、地震の場合の下校に関する対策に苦慮していると聞く。地震により鉄道が不通になる基準が統一されていないためである。私鉄、ＪＲなど様々な公共交通で通学している生徒を途中下校させる指標として鉄道会社で統一の規格があるものと思っていたが、現状では数値のみならず、規制単位にまで多少の差異がある。ウェブ検索（二〇一三年一二月）による地震時、都市域の公共交通における列車運行の規制単位と規制値は以下の通りである（表1）。

概して震度5弱以上が一つの閾（しきい）値といえる。気象庁の震度階級表では「大半のひとが、恐怖を覚え、ものにつかまりたいと感じ」、地盤や斜面において「亀裂や液状化、落石やがけ崩れが発生することがある」揺れである。多くの地震対応マニュアルでも「震度5」が、初動対応の閾値であることと齟齬がない。ただ沿線の自然、人文環境などの観点からなのか阪急・阪神は震度4を規制値としている。

最大加速度を示すガル gal や地表最大速度のカイン kine を採用しているところもある。ガルは観測地点での毎秒(s) 1㎝ずつ速くなる加速状態（1 gal = 1cm/s²）、カインは一秒間で変化する単位（1 kine=1cm/s）を示している。ガルは従来から揺れの激しさを示す単位として用いられてきたが、被害と比例関係にない。そのため近年では揺れの最大速度を示す単位で震度や地震被害と直結するカインを用いる事が多くなってきた。

気象庁によると平成七年（一九九五年）兵庫県南部地震（阪神・淡路大震災）（モーメントマグニチュード Mw 6.9：マグニチュードに関しては貝柄（二〇一二）を参照）の三成分合成最大加速度は八九一ガル（兵庫県神戸市中央区）、防災科学技術研究所の強震観測網によると平成二三年（二〇一一年）東北地方太平洋沖地震（東日本大震災）（モーメントマグニチュード Mw 9.0）は二九三三ガル（宮城県栗原市築館）である。東大地震研究所はこの二つの大震災（阪神・淡路大震災の神戸市須磨区鷹取、神戸市中央区葺合と東日本大震災の宮城県築館、塩竈、茨城県日立）の速度波形と、その応答スペクトルの比較から阪神・淡路大震災が二〇〇〜三〇〇カイン、東日本大震災が一〇〇カイン程度以下としている。東日本大震災での揺れによる震害の少なさを如実に示す値といえる。

以下に震度と地表最大速度（カイン）の関係（表2）、地表最大速度（カイン）と最大加速度（ガル）の関係（表3）を示す。これらを統合すると以下の表4がおおよその対応表となる。これらから鉄道各社によって規制単位や規制値に変化はあるものの、「震度5弱」、「一〇〜一五カイン」、「一〇〇〜一五〇ガル」が閾値といえる。

門田（二〇一二）は原子力発電所の敵を「自然災害」と「テロ」とし、二〇〇一年九月一一日の「9.11 テロ」と二〇〇四年一二月二六日の「スマトラ島沖地震（インド洋大津波）」をその教訓にすべき二事例に挙げている。アメリカの原子力関係者は「全ての電源を失った場合、原子炉の制御をどうするか」という議論を行い、二〇〇六年にはアメリカのNCR（原子力規制委員会）が全電源喪失下を想定した細かな規定を策定している。

日本は過去に十分すぎる教訓を得てきたはずである。「想定外」という言葉で逃げることなく、われわれは自然に対して畏怖の念を持ちつつ、様々な表記方法で示される地震情報を把握することで、各自の置かれた職業、立場を踏まえながら最善の方法を模索し、起こるべく災害と接していかねばならない。

《参考文献》

浦嶋繁樹（二〇〇五）「リスクを飼い慣らせば未来が見える—初歩からのリスクマネジメント—」日経BP社
http://www.nikkeibp.co.jp/sj/2/column/f/（二〇一四年四月検索）
貝柄　徹（二〇一二）「地震と津波」鈴木利章編『現代社会を生きるキーワード』所収、大阪公立大学共同出版会
門田隆将（二〇一二）『死の淵を見た男　吉田昌郎と福島第一原発の五〇〇日』ＰＨＰ研究所
経済産業省（二〇〇五）『先進企業から学ぶ事業リスクマネジメント実践テキスト—企業価値の向上を目指して—』
http://www.meti.go.jp/（二〇一四年四月検索）
国土交通省　気象庁　http://www.jma.go.jp/
東京大学地震研究所　http://outreach.eri.u-tokyo.ac.jp/
内閣府　防災情報　http://www.bousai.go.jp/
日本規格協会編（2003）『JIS Q 2001:2001 リスクマネジメントシステム構築のための指針』日本規格協会
防災科学技術研究所　強震観測網　http://www.kyoshin.bosai.go.jp/kyoshin/

表 1　地震時の都市域公共交通における列車運行の規制単位と規制値

鉄道会社	規制単位	規制値
阪急電鉄・阪神電気鉄道	震度 1)	＞ 4
近畿日本鉄道	震度 1)	＞ 5 弱
南海電気鉄道	震度 2)	＞ 5 弱（2006 年～）
JR 東海	ガル	＞ 120 ガル
JR 東日本	カイン	＞ 12 カイン
JR 西日本	ガル	＞ 80　（～2013 年 8 月）
	計測震度 3)	＞ 4.5（2013 年 9 月～）
大阪市営地下鉄	ガル 4)	＞ 150 ガル
都営地下鉄	震度	＞ 震度 5
東京メトロ	ガル	＞ 100 ガル

Web 検索（2013 年 12 月）から作成

1) 緊急地震速報システム：地震災害の軽減を図るために気象庁から配信される地震予測情報。地震の発生直後に、震源に近い地震計でとらえた初期微動(P 波)を解析して震源の位置、発生 時刻、地震の規模(マグニチュード)を直ちに推定し発信する。

2) 2006 年以前は防災情報装置：沿線 7 箇所に設置した地震計のうち複数が同時に震度 4 以上の大きな揺れを検知した場合に緊急停止

3) 揺れの強さの程度を数値化したもので、10 段階の震度の換算に使用する値（気象庁 http://www.data.jma.go.jp に算出方法の記載あり）。計測震度 4.5 以上 5.0 未満は震度階級の 5 弱に該当する。

4)「震度 5」以上で列車の緊急停止

（江坂駅、大国町変電所、弁天町変電所、森之宮検車場、南港検車場に地震計を設置し、その値で判断）

表 2　震度と最大速度（カイン）の関係

震度	4	5 弱	5 強	6 弱	6 強	7
最大速度（kine）	4～10 程度	10～20 程度	20～40 程度	40～60 程度	60～100 程度	100～

表 3　地表最大速度（カイン）と最大加速度（ガル）の関係

最大速度（kine）	10	20	40	60	80	100
最大加速度（gal）	100 程度	240 程度	520 程度	830 程度	1100 程度	1500 程度

（表 2･表 3 の出典：内閣府　防災情報　http://www.bousai.go.jp/）

表 4　震度、カイン、ガルのおおよその対応表

震度階級	地表最大速度（カイン）	最大加速度(ガル)
震度 4	4 ～　10 程度	～　100 程度
震度 5 弱	10 ～　20 程度	100 ～　240 程度
震度 5 強	20 ～　40 程度	240 ～　520 程度
震度 6 弱	40 ～　60 程度	520 ～　830 程度
震度 6 強	60 ～ 100 程度	830 ～ 1500 程度
震度 7	100 以上	1500 程度～

【編者略歴】
神戸大学名誉教授
1937年 京都府生まれ　京都大学文学部卒、同大学院文学研究科博士課程単位取得退学、1973年英国ケンブリッジ大学クレア・ホール学寮留学　神戸市外国語大学助教授、神戸大学助教授、教授　1994-96年同文学部長、大学院文化学研究科長、2000年大手前大学教授、2002-2006年大手前大学人文科学部長

鈴木　利章
（すずき　としあき）

【著書】
『デーンロー地帯とノルマン征服』神戸市外国語大学外国学研究所、1972；『西洋史：大学ゼミナール』（編著）法律文化社、1973；『ジェントルマン・その周辺とイギリス近代』（編著）ミネルヴァ書房、1987；『西洋の歴史 古代・中世編』（編著）ミネルヴァ書房、1987；訳書　H・バターフィールド『ウィッグ史観批判』（共訳）未来社、1967；W.ウルマン『中世における個人と社会』ミネルヴァ書房、1970；ポール・ヴィノグラードフ『イギリス荘園の成立』（共訳）創文社、1972；J.H.プラム『過去の終焉』法律文化社、1975；ピーター・ゲイ『歴史の文体』ミネルヴァ書房、1977；R.W.サザーン『ヨーロッパとイスラム世界』岩波書店、1980；ゲオルグ G. イッガース『ヨーロッパ歴史学の新潮流』（共訳）晃洋書房、1986；H・バターフィールド『歴史叙述』平凡社、1988；『現代社会を生きるキーワード』（大阪公立大学共同出版会　OMUPブックレット36）、2012ほか多数

執筆者紹介（執筆順）

1. 生年　2. 所属または履歴　3. 出身校　4. 専門分野　5. 主な著作創作　6. 最近の関心事（任意に4項目を選択記入）

大沼　穣　2. 大手前大学現代社会学部　4. 経済学、路上観察　5.『現代経済政策論』（共著、中央経済社、2005年）6. 第1集は時々使っていますが授業のネタ帳に如何ですか

谷村　要　2. 大手前大学メディア・芸術学部　4. 情報社会学　5.『無印都市の社会学 どこにでもある日常空間をフィールドワークする』（分担、法律文化社、2013年） 6. コンテンツツーリズムを活用した地域活性化

坂本　理郎　1. 1970年 2. 大手前大学現代社会学部　3. 神戸大学大学院経営学研究科博士後期課程　4. 組織心理学、キャリア開発、キャリア・カウンセリング

田中　紀子　2. 大手前大学総合文化学部　3. 神戸女学院大学大学院文学研究科（英文学専攻）博士前期課程　4. アメリカ文学　6. 小説および映画が映し出すアメリカの諸相

石割　信雄　1. 1947年　2. 元伊丹市職員。大阪市立大学大学院創造都市研究科客員研究員、大手前大学非常勤講師　3. 大阪市立大学大学院創造都市研究科博士後期課程　4. 都市公共政策、住民参加に関する分野

鈴木　利章（編者略歴参照）

平川　大作　1. 1969年　2. 大手前大学メディア文化学部　4. 演劇学、映画学　5. 戯曲『コペンハーゲン』の上演台本翻訳（2001年）

石毛　弓　2. 大手前大学現代社会学部　3. University of Durham.　4. 西洋哲学　5.『マンガがひもとく未来と環境』（清水弘文堂、2011年）

大島　浩英　1. 1960年　2. 大手前大学総合文化学部　3. 関西学院大学大学院文学研究科博士後期課程　4. ドイツ語学（15・16世紀初期新高地ドイツ語文献の読解・分析）

稲積　包昭　1. 1943年　3. 東京大学大学院人文科学研究科修士課程　4. 英語学・アメリカ文学　5.『英語研究のバックロード』（東京：開文社、2008年）

鈴木　基伸　1. 1977年　2. 大手前大学総合文化学部　3. 名古屋大学大学院文学研究科博士後期課程　4. 日本語学

貝柄　徹　2. 大手前大学総合文化学部　3. 関西大学大学院文学研究科博士後期課程　4. 自然地理学（地形学・環境科学）　5.『地震と火山のメカニズム』（分担、古今書院、2014年）

OMUP ブックレット　刊行の言葉

今日の社会は、映像メディアを主体とする多種多様な情報が氾濫する中で、人類が生存する地球全体の命運をも決しかねない多くの要因をはらんでいる状況にあると言えます。しかも、それは日常の生活と深いかかわりにおいて展開しつつあります。時々刻々と拡大・膨張する学術・科学技術の分野は微に入り、細を穿つ解析的手法の展開が進む一方で、総括的把握と大局的な視座を見失いがちです。また、多種多様な情報伝達の迅速化が進む反面、最近とみに「知的所有権」と称して、一時的であるにしても新知見の守秘を余儀なくされているのが、科学技術情報の現状と言えるのではないでしょうか。この傾向は自然科学に止まらず、人文科学、社会科学の分野にも及んでいる点が今日的問題であると考えられます。

本来、学術はあらゆる事象の中から、手法はいかようであっても、議論・考察を尽くし、展開していくのがそのあるべきスタイルです。教育・研究の現場にいる者が内輪で議論するだけでなく、さまざまな学問分野のさまざまなテーマについて、広く議論の場を提供することが、それぞれの主張を社会共通の場に提示し、真の情報交換を可能にすることに疑いの余地はありません。

活字文化の危機的状況が叫ばれる中で、シリーズ「OMUP ブックレット」を刊行するに至ったのは、小冊子ながら映像文化では伝達し得ない情報の議論の場を、われわれの身近なところから創設しようとするものです。この小冊子が各種の講演、公開講座、グループ読書会のテキストとして、あるいは一般の講義副読本として活用していただけることを願う次第です。また、明確な主張を端的に伝達し、読者の皆様の理解と判断の一助になることを念ずるものです。

平成 18 年 4 月

OMUP 設立五周年を記念して
大阪公立大学共同出版会（OMUP）

OMUP

ＯＭＵＰの由来
大阪公立大学共同出版会（略称ＯＭＵＰ）は新たな千年紀のスタートとともに大阪南部に位置する５公立大学、すなわち大阪市立大学、大阪府立大学、大阪女子大学、大阪府立看護大学ならびに大阪府立看護大学医療技術短期大学部を構成する教授を中心に設立された学術出版会である。なお、府立関係の大学は2005年４月に統合され、本出版会も大阪市立、大阪府立両大学から構成されることになった。また、2006年からは特定非営利活動法人（NPO）として活動している。

Osaka Municipal Universities Press (OMUP) was established in new millennium as an association for academic publications by professors of five municipal universities, namely Osaka City University, Osaka Prefecture University, Osaka Women's University, Osaka Prefectural College of Nursing and Osaka Prefectural College of Health Sciences that all located in southern part of Osaka. Above prefectural Universities united into OPU on April in 2005. Therefore OMUP is consisted of two Universities, OCU and OPU. OMUP was renovated to be a non-profit organization in Japan since 2006.

OMUP ブックレット No. 50
現代社会を生きるキーワード２

2015年３月31日　初版第１刷発行

編　者　鈴木　利章
発行者　足立　泰二
発行所　大阪公立大学共同出版会（ＯＭＵＰ）
〒599-8531 大阪府堺市中区学園町１-１
大阪府立大学内
TEL　072(251)6533　FAX　072(254)9539
印刷所　有限会社 扶桑印刷社

ISBN 978-4-907209-34-6